기출로 합격까지

이경철
기출문제

부동산공법 2차

박문각 공인중개사

브랜드만족
1위
박문각

20
25

근거자료
별면표기

CONTENTS

이 책의 **차례**

PART
01

국토의 계획 및
이용에 관한 법률

PART
02

건축법

PART
03

주택법

PART
04

농지법

PART
05

도시개발법

PART
06

도시 및
주거환경정비법

박문각 공인중개사

PART

01

국토의 계획 및
이용에 관한 법률

용어정리 & 광역도시계획 & 도시·군기본계획

01 국토의 계획 및 이용에 관한 법령상 용어에 관한 설명으로 옳은 것은?   ▼ 제35회

① 행정청이 설치하는 공동묘지는 "공공시설"에 해당한다.
② 성장관리계획구역에서의 난개발을 방지하고 계획적인 개발을 유도하기 위하여 수립하는 계획은 "공간재구조화계획"이다.
③ 자전거전용도로는 "기반시설"에 해당하지 않는다.
④ 지구단위계획구역의 지정에 관한 계획은 "도시·군기본계획"에 해당한다.
⑤ "기반시설부담구역"은 기반시설을 설치하기 곤란한 지역을 대상으로 지정한다.

해설
② 성장관리계획구역에서의 난개발을 방지하고 계획적인 개발을 유도하기 위하여 수립하는 계획은 "성장관리계획"이다.
③ 자전거전용도로는 "기반시설"에 해당한다.
④ 지구단위계획구역의 지정에 관한 계획은 "도시·군관리계획"에 해당한다.
⑤ "개발밀도관리구역"은 기반시설을 설치하기 곤란한 지역을 대상으로 지정한다.

답 ①

02 국토의 계획 및 이용에 관한 법령상 도시·군관리계획을 시행하기 위한 사업으로 도시·군계획사업에 해당하는 것을 모두 고른 것은?   ▼ 제29회

> ㄱ. 도시·군계획시설사업
> ㄴ. 「도시개발법」에 따른 도시개발사업
> ㄷ. 「도시 및 주거환경정비법」에 따른 정비사업

① ㄱ   ② ㄱ, ㄴ
③ ㄱ, ㄷ   ④ ㄴ, ㄷ
⑤ ㄱ, ㄴ, ㄷ

해설 도시·군계획사업이란 도시·군계획시설사업, 도시개발사업, 정비사업이 있다.

답 ⑤

03 국토의 계획 및 이용에 관한 법령상 광역도시계획에 관한 설명으로 <u>틀린</u> 것은? ◤ 제26회
① 동일 지역에 대하여 수립된 광역도시계획의 내용과 도시·군기본계획의 내용이 다를 때에는 광역도시계획의 내용이 우선한다.
② 광역계획권은 광역시장이 지정할 수 있다.
③ 도지사는 시장 또는 군수가 협의를 거쳐 요청하는 경우에는 단독으로 광역도시계획을 수립할 수 있다.
④ 광역도시계획을 수립하려면 광역도시계획의 수립권자는 미리 공청회를 열어야 한다.
⑤ 국토교통부장관이 조정의 신청을 받아 광역도시계획의 내용을 조정하는 경우 중앙도시계획위원회의 심의를 거쳐야 한다.

해설 광역계획권은 <u>국토교통부장관 또는 도지사</u>가 지정할 수 있다.

답 ②

04 국토의 계획 및 이용에 관한 법령상 광역도시계획에 관한 설명으로 옳은 것은? ◤ 제27회
① 국토교통부장관이 광역계획권을 지정하려면 관계 지방 도시계획위원회의 심의를 거쳐야 한다.
② 도지사가 시장 또는 군수의 요청으로 관할 시장 또는 군수와 공동으로 광역도시계획을 수립하는 경우에는 국토교통부장관의 승인을 받지 않고 광역도시계획을 수립할 수 있다.
③ 중앙행정기관의 장은 국토교통부장관에게 광역계획권의 변경을 요청할 수 없다.
④ 시장 또는 군수가 광역도시계획을 수립하거나 변경하려면 국토교통부장관의 승인을 받아야 한다.
⑤ 광역계획권은 인접한 둘 이상의 특별시·광역시·시 또는 군의 관할구역 단위로 지정하여야 하며, 그 관할구역의 일부만을 광역계획권에 포함시킬 수는 없다.

해설
① 국토교통부장관이 광역계획권을 지정하려면 관계 <u>중앙도시계획위원회</u>의 심의를 거쳐야 한다.
③ 중앙행정기관의 장은 국토교통부장관에게 광역계획권의 변경을 요청할 수 <u>있다</u>.
④ 시장 또는 군수가 광역도시계획을 수립하거나 변경하려면 <u>도지사의 승인</u>을 받아야 한다.
⑤ 광역계획권은 인접한 둘 이상의 특별시·광역시·특별자치시·특별자치도·시 또는 군의 관할 구역 <u>전부 또는 일부</u>를 지정할 수 <u>있다</u>.

답 ②

05 국토의 계획 및 이용에 관한 법령상 광역도시계획 등에 관한 설명으로 **틀린** 것은? (단, 조례는 고려하지 않음) ✈ 제28회

① 국토교통부장관은 광역계획권을 지정하려면 관계 시·도지사, 시장 또는 군수의 의견을 들은 후 중앙도시계획위원회의 심의를 거쳐야 한다.
② 시·도지사, 시장 또는 군수는 광역도시계획을 변경하려면 미리 관계 시·도, 시 또는 군의 의회와 관계 시장 또는 군수의 의견을 들어야 한다.
③ 국토교통부장관은 시·도지사가 요청하는 경우에도 시·도지사와 공동으로 광역도시계획을 수립할 수 없다.
④ 시장 또는 군수는 광역도시계획을 수립하려면 도지사의 승인을 받아야 한다.
⑤ 시장 또는 군수는 광역도시계획을 변경하려면 미리 공청회를 열어야 한다.

해설 국토교통부장관은 시·도지사가 요청하는 경우에도 시·도지사와 공동으로 광역도시계획을 수립할 수 있다.

답 ③

06 국토의 계획 및 이용에 관한 법령상 광역도시계획에 관한 설명으로 **틀린** 것은? ✈ 제29회

① 중앙행정기관의 장, 시·도지사, 시장 또는 군수는 국토교통부장관이나 도지사에게 광역계획권의 변경을 요청할 수 있다.
② 둘 이상의 특별시·광역시·특별자치시·특별자치도·시 또는 군의 공간구조 및 기능을 상호 연계시키고 환경을 보전하며 광역시설을 체계적으로 정비하기 위하여 필요한 경우에는 광역계획권을 지정할 수 있다.
③ 국가계획과 관련된 광역도시계획의 수립이 필요한 경우 광역도시계획의 수립권자는 국토교통부장관이다.
④ 광역계획권이 둘 이상의 시·도의 관할 구역에 걸쳐 있는 경우에는 관할 시·도지사가 공동으로 광역계획권을 지정하여야 한다.
⑤ 국토교통부장관, 시·도지사, 시장 또는 군수는 광역도시계획을 수립하려면 미리 공청회를 열어 주민과 관계 전문가 등으로부터 의견을 들어야 한다.

해설 광역계획권이 둘 이상의 시·도의 관할 구역에 걸쳐 있는 경우에는 국토교통부장관이 지정할 수 있다.

답 ④

07 국토의 계획 및 이용에 관한 법령상 광역도시계획에 관한 설명으로 틀린 것은? ⌄ 제31회

① 도지사는 시장 또는 군수가 협의를 거쳐 요청하는 경우에는 단독으로 광역도시계획을 수립할 수 있다.

② 광역도시계획의 수립기준은 국토교통부장관이 정한다.

③ 광역도시계획의 수립을 위한 공청회는 광역계획권 단위로 개최하되, 필요한 경우에는 광역계획권을 수개의 지역으로 구분하여 개최할 수 있다.

④ 국토교통부장관은 광역도시계획을 수립하였을 때에는 직접 그 내용을 공고하고 일반이 열람할 수 있도록 하여야 한다.

⑤ 광역도시계획을 공동으로 수립하는 시·도지사는 그 내용에 관하여 서로 협의가 되지 아니하면 공동이나 단독으로 국토교통부장관에게 조정을 신청할 수 있다.

해설 국토교통부장관은 직접 광역도시계획을 수립하였을 때에는 <u>관계 중앙행정기관의 장과 시·도지사에게 관계 서류를 송부하여야</u> 하며, <u>관계 서류를 받은 시·도지사는 그 내용을 해당 시·도의 공보에 게재하여 공고하고 일반이 30일 이상 열람</u>할 수 있도록 하여야 한다(국토교통부장관은 공고주체×).

답 ④

08 국토의 계획 및 이용에 관한 법령상 광역도시계획에 관한 설명으로 틀린 것은? ⌄ 제32회

① 광역도시계획의 수립기준은 국토교통부장관이 정한다.

② 광역계획권이 같은 도의 관할 구역에 속하여 있는 경우 관할 도지사가 광역도시계획을 수립하여야 한다.

③ 시·도지사, 시장 또는 군수는 광역도시계획을 수립하거나 변경하려면 미리 관계 시·도, 시 또는 군의 의회와 관계 시장 또는 군수의 의견을 들어야 한다.

④ 시장 또는 군수가 기초조사정보체계를 구축한 경우에는 등록된 정보의 현황을 5년마다 확인하고 변동사항을 반영하여야 한다.

⑤ 광역계획권을 지정한 날부터 3년이 지날 때까지 관할 시장 또는 군수로부터 광역도시계획의 승인 신청이 없는 경우 관할 도지사가 광역도시계획을 수립하여야 한다.

해설 광역계획권이 <u>같은 도의 관할 구역에 속하여 있는 경우</u>에는 관할 <u>시장 또는 군수가 공동으로 수립</u>하여야 한다(도지사 필요적 수립 – 3년 승인신청 없을 때).

답 ②

09 국토의 계획 및 이용에 관한 법령상 광역계획권에 관한 설명으로 옳은 것은? ▼ 제33회

① 광역계획권이 둘 이상의 도의 관할 구역에 걸쳐 있는 경우, 해당 도지사들은 공동으로 광역계획권을 지정하여야 한다.

② 광역계획권이 하나의 도의 관할 구역에 속하여 있는 경우, 도지사는 국토교통부장관과 공동으로 광역계획권을 지정 또는 변경하여야 한다.

③ 도지사가 광역계획권을 지정하려면 관계 중앙행정기관의 장의 의견을 들은 후 중앙도시계획위원회의 심의를 거쳐야 한다.

④ 국토교통부장관이 광역계획권을 변경하려면 관계 시·도지사, 시장 또는 군수의 의견을 들은 후 지방도시계획위원회의 심의를 거쳐야 한다.

⑤ 중앙행정기관의 장, 시·도지사, 시장 또는 군수는 국토교통부장관이나 도지사에게 광역계획권의 지정 또는 변경을 요청할 수 있다.

해설
① 광역계획권을 <u>도지사가 지정할 수 있다.</u>
② 광역계획권이 하나의 도의 관할 구역에 속하여 있는 경우는 <u>도지사가</u> 지정할 수 있다.
③ <u>도지사가</u> 광역계획권을 지정하거나 변경하려면 관계 중앙행정기관의 장, 관계 시·도지사, 시장 또는 군수의 의견을 들은 후 <u>지방도시계획위원회의 심의</u>를 거쳐야 한다.
④ <u>국토교통부장관</u>은 광역계획권을 지정하거나 변경하려면 관계 시·도지사, 시장 또는 군수의 의견을 들은 후 중앙도시계획위원회의 <u>심의</u>를 거쳐야 한다.
답 ⑤

10 국토의 계획 및 이용에 관한 법령상 도시·군기본계획에 관한 설명으로 틀린 것은?

▼ 제32회

① 「수도권정비계획법」에 의한 수도권에 속하고 광역시와 경계를 같이하지 아니한 시로서 인구 20만명 이하인 시는 도시·군기본계획을 수립하지 아니할 수 있다.

② 도시·군기본계획에는 기후변화 대응 및 에너지절약에 관한 사항에 대한 정책 방향이 포함되어야 한다.

③ 광역도시계획이 수립되어 있는 지역에 대하여 수립하는 도시·군기본계획은 그 광역도시계획에 부합되어야 한다.

④ 시장 또는 군수는 5년마다 관할 구역의 도시·군기본계획에 대하여 타당성을 전반적으로 재검토하여 정비하여야 한다.

⑤ 특별시장·광역시장·특별자치시장 또는 특별자치도지사는 도시·군기본계획을 변경하려면 관계 행정기관의 장(국토교통부장관을 포함)과 협의한 후 지방도시계획위원회의 심의를 거쳐야 한다.

해설 「수도권정비계획법」에 의한 <u>수도권에 속하지 아니하고</u> 광역시와 경계를 같이하지 아니한 시 또는 군으로서 인구 <u>10만명 이하인</u> 시 또는 군은 도시·군기본계획을 수립하지 아니할 수 있다.
답 ①

11 국토의 계획 및 이용에 관한 법령상 도시·군기본계획에 관한 설명으로 틀린 것은?

제31회

① 시장 또는 군수는 인접한 시 또는 군의 관할 구역을 포함하여 도시·군기본계획을 수립하려면 미리 그 시장 또는 군수와 협의하여야 한다.
② 도시·군기본계획 입안일부터 5년 이내에 토지적성평가를 실시한 경우에는 토지적성평가를 하지 아니할 수 있다.
③ 시장 또는 군수는 도시·군기본계획을 수립하려면 미리 그 시 또는 군 의회의 의견을 들어야 한다.
④ 시장 또는 군수는 도시·군기본계획을 변경하려면 도지사와 협의한 후 지방도시계획위원회의 심의를 거쳐야 한다.
⑤ 시장 또는 군수는 5년마다 관할 구역의 도시·군기본계획에 대하여 타당성을 전반적으로 재검토하여 정비하여야 한다.

해설 시장 또는 군수는 <u>도시·군기본계획을 수립하거나 변경하려면 도지사의 승인을 받아야</u> 하고, 도지사는 도시·군기본계획을 <u>승인하려면 관계 행정기관의 장과 협의한 후 지방도시계획위원회의 심의</u>를 거쳐야 한다.

답 ④

12 국토의 계획 및 이용에 관한 법령상 도시·군기본계획의 수립 및 정비에 관한 조문의 일부이다. (　)에 들어갈 숫자를 옳게 연결한 것은?

제27회

> • 도시·군기본계획 입안일부터 (ㄱ)년 이내에 토지적성평가를 실시한 경우 등 대통령령으로 정하는 경우에는 토지적성평가 또는 재해취약성분석을 하지 아니할 수 있다.
> • 시장 또는 군수는 (ㄴ)년마다 관할 구역의 도시·군기본계획에 대하여 그 타당성 여부를 전반적으로 재검토하여야 한다.

① ㄱ: 2,　ㄴ: 5　　　　　　② ㄱ: 3,　ㄴ: 2
③ ㄱ: 3,　ㄴ: 5　　　　　　④ ㄱ: 5,　ㄴ: 5
⑤ ㄱ: 5,　ㄴ: 10

해설
• 도시·군기본계획 입안일부터 (5)년 이내에 토지적성평가를 실시한 경우 등 대통령령으로 정하는 경우에는 토지적성평가 또는 재해취약성분석을 하지 아니할 수 있다.
• 시장 또는 군수는 (5)년마다 관할 구역의 도시·군기본계획에 대하여 그 타당성 여부를 전반적으로 재검토하여야 한다.

답 ④

13 국토의 계획 및 이용에 관한 법령상 시장 또는 군수가 도시·군기본계획의 승인을 받으려 할 때, 도시·군기본계획안에 첨부하여야 할 서류에 해당하는 것은?   ☞ 제33회

① 기초조사 결과
② 청문회의 청문조서
③ 해당 시·군 및 도의 의회의 심의·의결 결과
④ 해당 시·군 및 도의 지방도시계획위원회의 심의 결과
⑤ 관계 중앙행정기관의 장과의 협의 및 중앙도시계획위원회의 심의에 필요한 서류

해설 도시·군기본계획 안에 첨부하여야 할 서류
㉮ 기초조사 결과
㉯ 공청회 개최 결과
㉰ 시·군의 의회의 의견청취 결과
㉱ 해당 시·군에 설치된 지방도시계획위원회의 자문을 거친 경우에는 그 결과
㉲ 관계 행정기관의 장과의 협의 및 도의 지방도시계획위원회의 심의에 필요한 서류

답 ①

도시 · 군관리계획절차

01 국토의 계획 및 이용에 관한 법령상 도시 · 군관리계획으로 결정하여야 하는 사항이 <u>아닌</u> 것은? ⌄ 제23, 26회

① 개발밀도관리구역의 지정　　② 시가화조정구역의 지정

③ 지구단위계획구역의 지정　　④ 용도지역의 지정

⑤ 용도지역의 변경

(해설) 개발밀도관리구역의 지정은 <u>개발로 인하여</u> 기반시설이 부족할 것으로 예상되나 기반시설을 설치하기 곤란한 지역을 대상으로 건폐율이나 용적률을 강화하여 적용하기 위하여 지정하는 구역을 말한다(개발밀도관리구역은 도시 · 군관리계획 대상이 아님).

답 ①

02 국토의 계획 및 이용에 관한 법령상 주민이 도시 · 군관리계획의 입안을 제안 하는 경우에 관한 설명으로 틀린 것은? ⌄ 제30회

① 도시 · 군관리계획의 입안을 제안받은 자는 제안자와 협의하여 제안된 도시 · 군관리계획의 입안 및 결정에 필요한 비용의 전부 또는 일부를 제안자에게 부담시킬 수 있다.

② 제안서에는 도시 · 군관리계획도서뿐만 아니라 계획설명서도 첨부하여야 한다.

③ 도시 · 군관리계획의 입안을 제안받은 자는 그 처리 결과를 제안자에게 알려야 한다.

④ 산업 · 유통개발진흥지구의 지정 및 변경에 관한 사항은 입안제안의 대상에 해당하지 않는다.

⑤ 도시 · 군관리계획의 입안을 제안하려는 자가 토지소유자의 동의를 받아야 하는 경우 국 · 공유지는 동의 대상 토지 면적에서 제외된다.

(해설) 산업 · 유통개발진흥지구의 지정 및 변경에 관한 사항은 입안제안의 대상에 해당<u>한다</u>.

답 ④

03 국토의 계획 및 이용에 관한 법령상 도시·군관리계획을 입안할 때 환경성 검토를 실시하지 않아도 되는 경우에 해당하는 것만을 모두 고른 것은?   ☞ 제27회

> ㄱ. 개발제한구역 안에 기반시설을 설치하는 경우
> ㄴ. 도시개발법에 따른 도시개발사업의 경우
> ㄷ. 해당 지구단위계획구역 안의 나대지면적이 구역 면적의 2%에 미달하는 경우

① ㄱ   ② ㄷ
③ ㄱ, ㄴ   ④ ㄴ, ㄷ
⑤ ㄱ, ㄴ, ㄷ

해설
ㄱ. 개발제한구역 안에 기반시설을 설치하는 경우
ㄴ. 도시개발법에 따른 도시개발사업의 경우는 <u>토지적성평가 생략사유</u>일 뿐 환경성 검토 <u>생략사유에는 해당하지 않는다</u>.

답 ②

04 국토의 계획 및 이용에 관한 법령상 도시·군관리계획에 관한 설명으로 틀린 것은?

☞ 제26회

① 도시·군관리계획 결정의 효력은 지형도면을 고시한 날의 다음 날부터 발생한다.
② 용도지구의 지정은 도시·군관리계획으로 결정한다.
③ 주민은 기반시설의 설치·정비 또는 개량에 관한 사항에 대하여 입안권자에게 도시·군관리계획의 입안을 제안할 수 있다.
④ 도시·군관리계획은 광역도시계획과 도시·군기본계획에 부합되어야 한다.
⑤ 도시·군관리계획을 조속히 입안하여야 할 필요가 있다고 인정되면 도시·군기본계획을 수립할 때에 도시·군관리계획을 함께 입안할 수 있다.

해설 도시·군관리계획 결정의 효력은 지형도면을 <u>고시한 날</u>부터 발생한다.

답 ①

05 국토의 계획 및 이용에 관한 법령상 주민이 도시·군관리계획의 입안권자에게 그 입안을 제안할 수 있는 사항이 <u>아닌</u> 것은?   ▼ 제34회

① 도시·군계획시설입체복합구역의 지정 및 변경에 관한 사항
② 지구단위계획구역의 지정 및 변경과 지구단위계획의 수립 및 변경에 관한 사항
③ 기반시설의 설치·정비 또는 개량에 관한 사항
④ 산업·유통개발진흥지구의 변경에 관한 사항
⑤ 시가화조정구역의 지정 및 변경에 관한 사항

해설 시가화조정구역의 지정 및 변경에 관한 사항은 입안제안의 대상에 해당하지 않는다.

답 ⑤

06 국토의 계획 및 이용에 관한 법령상 주민이 도시·군관리계획의 입안을 제안하려는 경우 요구되는 제안 사항별 토지소유자의 동의 요건으로 <u>틀린</u> 것은? (단, 동의 대상 토지 면적 에서 국·공유지는 제외함)   ▼ 제29회 수정

① 도시·군계획시설입체복합구역의 지정에 관한 사항 : 대상 토지 면적의 5분의 4 이상
② 기반시설의 정비에 관한 사항 : 대상 토지 면적의 3분의 2 이상
③ 지구단위계획구역의 지정과 지구단위계획의 수립에 관한 사항 : 대상 토지 면적의 3분 의 2 이상
④ 산업·유통개발진흥지구의 지정에 관한 사항 : 대상 토지 면적의 3분의 2 이상
⑤ 용도지구 중 해당 용도지구에 따른 건축물이나 그 밖의 시설의 용도·종류 및 규모 등의 제한을 지구단위계획으로 대체하기 위한 용도지구의 지정에 관한 사항 : 대상 토지 면적의 3분의 2 이상

해설 기반시설의 설치·<u>정비</u> 또는 개량에 관한 사항에 대한 제안의 경우 : 대상 토지 면적의 <u>5분의 4 이상</u>

답 ②

07 국토의 계획 및 이용에 관한 법률상 도시 · 군관리계획의 결정에 관한 설명으로 **틀린** 것은?

✢ 제31회

① 시장 또는 군수가 입안한 지구단위계획구역의 지정 · 변경에 관한 도시 · 군관리계획
   은 시장 또는 군수가 직접 결정한다.
② 개발제한구역의 지정에 관한 도시 · 군관리계획은 국토교통부장관이 결정한다.
③ 시 · 도지사가 지구단위계획을 결정하려면 건축법에 따라 시 · 도에 두는 건축위원회
   와 도시계획위원회가 공동으로 하는 심의를 거쳐야 한다.
④ 국토교통부장관은 관계 중앙행정기관의 장의 요청이 없어도 국가안전보장상 기밀을
   지켜야 할 필요가 있다고 인정되면 중앙도시계획위원회의 심의를 거치지 않고 도
   시 · 군관리계획을 결정할 수 있다.
⑤ 도시 · 군관리계획 결정의 효력은 지형도면을 고시한 날부터 발생한다.

해설 국토교통부장관이나 시 · 도지사는 국방상 또는 국가안전보장상 기밀을 지켜야 할 필요가 있다고 인정되
면(관계 중앙행정기관의 장이 요청할 때만 해당) 그 도시 · 군관리계획의 전부 또는 일부에 대하여 협의와 심의
절차를 생략할 수 있다.

답 ④

08 국토의 계획 및 이용에 관한 법령상 도시 · 군관리계획에 관한 설명으로 **틀린** 것은?

✢ 제32회

① 국토교통부장관은 국가계획과 관련된 경우 직접 도시 · 군관리계획을 입안할 수 있다.
② 주민은 산업 · 유통개발진흥지구의 지정에 관한 사항에 대하여 도시 · 군관리계획의
   입안권자에게 도시 · 군관리 계획의 입안을 제안할 수 있다.
③ 도시 · 군관리계획으로 입안하려는 지구단위계획구역이 상업지역에 위치하는 경우
   에는 재해취약성분석을 하지 아니할 수 있다.
④ 도시 · 군관리계획 결정의 효력은 지형도면을 고시한 다음 날부터 발생한다.
⑤ 인접한 특별시 · 광역시 · 특별자치시 · 특별자치도 · 시 또는 군의 관할 구역에 대한
   도시 · 군관리계획은 관계 특별시장 · 광역시장 · 특별자치시장 · 특별자치도지사 ·
   시장 또는 군수가 협의하여 공동으로 입안하거나 입안할 자를 정한다.

해설 도시 · 군관리계획 결정의 효력은 지형도면을 고시한 날부터 발생한다(다음날×).

답 ④

09 국토의 계획 및 이용에 관한 법령상 도시·군관리계획 등에 관한 설명으로 옳은 것은?

제28회

① 시가화조정구역의 지정에 관한 도시·군관리계획 결정 당시 승인받은 사업이나 공사에 이미 착수한 자는 신고 없이 그 사업이나 공사를 계속할 수 있다.

② 국가계획과 연계하여 시가화조정구역의 지정이 필요한 경우 국토교통부장관이 직접 그 지정을 도시·군관리계획으로 결정할 수 있다.

③ 도시·군관리계획의 입안을 제안받은 자는 도시·군관리계획의 입안 및 결정에 필요한 비용을 제안자에게 부담시킬 수 없다.

④ 수산자원보호구역의 지정에 관한 도시·군관리계획은 국토교통부장관이 결정한다.

⑤ 도시·군관리계획 결정은 지형도면을 고시한 날의 다음날부터 효력이 발생한다.

> **해설**
> ① 시가화조정구역의 지정에 관한 도시·군관리계획 결정 당시 이미 사업 또는 공사에 착수한 자는 도시·군관리계획결정의 고시일부터 <u>3월 이내</u>에 그 사업 또는 공사의 내용을 관할 특별시장·광역시장·특별자치시장·특별자치도지사·시장 또는 군수에게 신고하고 그 사업이나 공사를 계속할 수 있다.
> ③ 도시·군관리계획의 입안을 제안받은 자는 도시·군관리계획의 입안 및 결정에 필요한 비용을 제안자에게 <u>전부 또는 일부를 부담시킬 수 있다.</u>
> ④ 수산자원보호구역의 지정에 관한 도시·군관리계획은 <u>해양수산부장관</u>이 결정한다.
> ⑤ 도시·군관리계획 결정은 지형도면을 <u>고시한 날부터</u> 효력이 발생한다.
>
> 정답 ②

10 국토의 계획 및 이용에 관한 법령상 도시·군관리계획의 결정에 관한 설명으로 옳은 것은?

제35회

① 도시·군관리계획 결정의 효력은 지형도면을 고시한 날의 다음 날부터 발생한다.

② 시가화조정구역의 지정에 관한 도시·군관리계획 결정 당시 이미 사업에 착수한 자는 그 결정에도 불구하고 신고 없이 그 사업을 계속할 수 있다.

③ 국토교통부장관이 도시·군관리계획을 직접 입안한 경우에는 시·도지사가 지형도면을 작성하여야 한다.

④ 시장·군수가 입안한 지구단위계획의 수립에 관한 도시·군관리계획은 시장·군수의 신청에 따라 도지사가 결정한다.

⑤ 시·도지사는 국가계획과 관련되어 국토교통부장관이 입안하여 결정한 도시·군관리계획을 변경하려면 미리 국토교통부장관과 협의하여야 한다.

> **해설**
> ① 도시·군관리계획 결정의 효력은 지형도면을 <u>고시한 날부터</u> 발생한다.

② 시가화조정구역의 지정에 관한 도시·군관리계획 결정 당시 이미 사업에 착수한 자는 그 결정에도 불구하고 <u>3개월 이내 신고</u>하고 그 사업을 계속할 수 있다.

③ 국토교통부장관이 도시·군관리계획을 직접 입안한 경우에는 <u>직접</u> 지형도면을 작성하여야 한다.

④ 시장·군수가 입안한 지구단위계획의 수립에 관한 도시·군관리계획은 시장·군수가 <u>직접</u> 결정한다.

> 답 ⑤

11 국토의 계획 및 이용에 관한 법령상 도시·군계획에 관한 설명으로 옳은 것은? ⌄ 제35회

① 도시·군기본계획의 내용이 광역도시계획의 내용과 다를 때에는 도시·군기본계획의 내용이 우선한다.

② 도시·군기본계획의 수립권자가 생활권계획을 따로 수립한 때에는 해당 계획이 수립된 생활권에 대해서는 도시·군관리계획이 수립된 것으로 본다.

③ 시장·군수가 미리 지방의회의 의견을 들어 수립한 도시·군기본계획의 경우 도지사는 지방도시계획위원회의 심의를 거치지 않고 해당 계획을 승인할 수 있다.

④ 주민은 공공청사의 설치에 관한 사항에 대하여 도시·군관리계획의 입안권자에게 그 계획의 입안을 제안할 수 있다.

⑤ 광역도시계획이나 도시·군기본계획을 수립할 때 도시·군관리계획을 함께 입안할 수 없다.

해설

① 도시·군기본계획의 내용이 광역도시계획의 내용과 다를 때에는 <u>광역도시계획</u>의 내용이 우선한다.

② 도시·군기본계획의 수립권자가 생활권계획을 따로 수립한 때에는 해당 계획이 수립된 생활권에 대해서는 <u>도시·군기본계획</u>이 수립된 것으로 본다.

③ 시장·군수가 미리 지방의회의 의견을 들어 수립한 도시·군기본계획의 경우 도지사는 지방도시계획위원회의 심의를 <u>거쳐</u> 해당 계획을 승인할 수 있다.

⑤ 광역도시계획이나 도시·군기본계획을 수립할 때 도시·군관리계획을 함께 입안할 수 <u>있다</u>.

> 답 ④

용도지역

01 국토의 계획 및 이용에 관한 법령상 용도지역 중 도시지역에 해당하지 <u>않은</u> 것은?

　　　　　　　　　　　　　　　　　　　　　　　　　　　　　　➤ 제28회

① 계획관리지역　　　　　　　　② 자연녹지지역
③ 근린상업지역　　　　　　　　④ 전용공업지역
⑤ 생산녹지지역

해설 계획관리지역은 <u>관리지역에</u> 속한다.

　　　　　　　　　　　　　　　　　　　　　　　　　　　　　답 ①

02 국토의 계획 및 이용에 관한 법령상 아파트를 건축할 수 있는 용도지역은?

　　　　　　　　　　　　　　　　　　　　　　　　　　　➤ 제22, 29회 수정

① 제1종 전용주거지역　　　　　② 제1종 일반주거지역
③ 유통상업지역　　　　　　　　④ 준주거지역
⑤ 일반공업지역

해설 아파트는 제2종 전용주거지역, 제2종 일반주거지역, 제3종 일반주거지역, <u>준주거지역</u>, 중심상업지역, 일반상업지역, 근린상업지역, 준공업지역에서 건축 가능

　　　　　　　　　　　　　　　　　　　　　　　　　　　　　답 ④

03 국토의 계획 및 이용에 관한 법령상 도시지역 중 건폐율의 최대한도가 낮은 지역부터 높은 지역 순으로 옳게 나열한 것은? (단, 조례 등 기타 강화·완화조건은 고려하지 않음)

⌄ 제27회

① 전용공업지역 - 중심상업지역 - 제1종 전용주거지역
② 보전녹지지역 - 유통상업지역 - 준공업지역
③ 자연녹지지역 - 일반상업지역 - 준주거지역
④ 일반상업지역 - 준공업지역 - 제2종 일반주거지역
⑤ 생산녹지지역 - 근린상업지역 - 유통상업지역

해설
⑤ 생산녹지지역(20%) - 근린상업지역(70%) - 유통상업지역(80%)
① 전용공업지역(70%) - 중심상업지역(90%) - 제1종 전용주거지역(50%)
② 보전녹지지역(20%) - 유통상업지역(80%) - 준공업지역(70%)
③ 자연녹지지역(20%) - 일반상업지역(80%) - 준주거지역(70%)
④ 일반상업지역(80%) - 준공업지역(70%) - 제2종 일반주거지역(60%)

답 ⑤

04 국토의 계획 및 이용에 관한 법령상 건폐율의 최대한도가 큰 용도지역부터 나열한 것은? (단, 조례는 고려하지 않음)

⌄ 제25회

ㄱ. 제2종 전용주거지역
ㄴ. 제1종 일반주거지역
ㄷ. 준공업지역
ㄹ. 계획관리지역

① ㄱ - ㄴ - ㄹ - ㄷ 　　　② ㄴ - ㄱ - ㄷ - ㄹ
③ ㄴ - ㄷ - ㄹ - ㄱ 　　　④ ㄷ - ㄱ - ㄹ - ㄴ
⑤ ㄷ - ㄴ - ㄱ - ㄹ

해설
ㄷ. 준공업지역(70% 이하) ㄴ. 제1종 일반주거지역(60% 이하) ㄱ. 제2종 전용주거지역(50% 이하) ㄹ. 계획관리지역(40% 이하)

답 ⑤

05 국토의 계획 및 이용에 관한 법령상 용적률의 최대한도가 낮은 지역부터 높은 지역까지 순서대로 나열한 것은? (단, 조례 등 기타 강화·완화조건은 고려하지 않음)   ⏣ 제28회

ㄱ. 준주거지역
ㄴ. 준공업지역
ㄷ. 일반공업지역
ㄹ. 제3종 일반주거지역

① ㄱ - ㄴ - ㄷ - ㄹ
② ㄱ - ㄹ - ㄷ - ㄴ
③ ㄴ - ㄷ - ㄹ - ㄱ
④ ㄷ - ㄹ - ㄱ - ㄴ
⑤ ㄹ - ㄷ - ㄴ - ㄱ

해설
ㄹ. 제3종 일반주거지역(300% 이하) ㄷ. 일반공업지역(350% 이하) ㄴ. 준공업지역(400% 이하) ㄱ. 준주거지역(500% 이하)

답 ⑤

06 국토의 계획 및 이용에 관한 법령상 용도지역별 용적률의 최대한도가 다음 중 가장 큰 것은? (단 조례 등 기타 강화·완화조건은 고려하지 않음)   ⏣ 제30회

① 제1종 전용주거지역
② 제3종 일반주거지역
③ 준주거지역
④ 일반공업지역
⑤ 준공업지역

해설 준주거지역(500% 이하)
① 제1종 전용주거지역(100% 이하) ② 제3종 일반주거지역(300% 이하) ④ 일반공업지역(350% 이하) ⑤ 준공업지역(400% 이하)

답 ③

07 국토의 계획 및 이용에 관한 법령상 용도지역별 용적률의 최대한도가 큰 순서대로 나열한 것은? (단, 조례 기타 강화·완화조건은 고려하지 않음)   ▼ 제32회

ㄱ. 근린상업지역   ㄴ. 준공업지역
ㄷ. 준주거지역   ㄹ. 보전녹지지역
ㅁ. 계획관리지역

---

① ㄱ - ㄴ - ㄷ - ㄹ - ㅁ   ② ㄱ - ㄷ - ㄴ - ㅁ - ㄹ
③ ㄴ - ㅁ - ㄱ - ㄹ - ㄷ   ④ ㄷ - ㄱ - ㄹ - ㄴ - ㅁ
⑤ ㄷ - ㄴ - ㄱ - ㅁ - ㄹ

[해설]
ㄱ. 근린상업지역(900%) ㄷ. 준주거지역(500%) ㄴ. 준공업지역(400%) ㅁ. 계획관리지역(100%) ㄹ. 보전녹지지역(80%)

답 ②

08 국토의 계획 및 이용에 관한 법령상 도시·군계획조례로 정할 수 있는 건폐율의 최대한도가 다음 중 가장 큰 지역은?   ▼ 제29회

① 자연환경보전지역에 있는 「자연공원법」에 따른 자연공원
② 계획관리지역에 있는 「산업입지 및 개발에 관한 법률」에 따른 농공단지
③ 수산자원보호구역
④ 도시지역 외의 지역에 지정된 개발진흥지구
⑤ 자연녹지지역에 지정된 개발진흥지구

[해설]
② 계획관리지역에 있는 「산업입지 및 개발에 관한 법률」에 따른 농공단지(70% 이하)
① 자연환경보전지역에 있는 「자연공원법」에 따른 자연공원(60% 이하)
③ 수산자원보호구역(40% 이하)
④ 도시지역 외의 지역에 지정된 개발진흥지구(40% 이하)
⑤ 자연녹지지역에 지정된 개발진흥지구(30% 이하)

답 ②

09 국토의 계획 및 이용에 관한 법령상 용도지역별 용적률의 최대한도에 관한 내용이다. ( )에 들어갈 숫자를 바르게 나열한 것은? (단, 조례, 기타 강화·완화조건은 고려하지 않음) ☞ 제33회

> • 주거지역 : (ㄱ)퍼센트 이하
> • 계획관리지역 : (ㄴ)퍼센트 이하
> • 농림지역 : (ㄷ)퍼센트 이하

① ㄱ : 400, ㄴ : 150, ㄷ : 80
② ㄱ : 400, ㄴ : 200, ㄷ : 80
③ ㄱ : 500, ㄴ : 100, ㄷ : 80
④ ㄱ : 500, ㄴ : 100, ㄷ : 100
⑤ ㄱ : 500, ㄴ : 150, ㄷ : 100

해설
• 주거지역 : (500)퍼센트 이하
• 계획관리지역 : (100)퍼센트 이하
• 농림지역 : (80)퍼센트 이하

답 ③

10 국토의 계획 및 이용에 관한 법령상 용도지역에 관한 설명으로 틀린 것은? ☞ 제26회

① 도시지역의 축소에 따른 용도지역의 변경을 도시·군관리계획으로 입안하는 경우에는 주민 및 지방의회의 의견청취 절차를 생략할 수 있다.
② 「택지개발촉진법」에 따른 택지개발지구로 지정·고시 되었다가 택지개발사업의 완료로 지구 지정이 해제되면 그 지역은 지구 지정 이전의 용도지역으로 환원된 것으로 본다.
③ 관리지역에서 「농지법」에 따른 농업진흥지역으로 지정·고시된 지역은 「국토의 계획 및 이용에 관한 법률」에 따른 농림지역으로 결정·고시된 것으로 본다.
④ 용도지역을 다시 세부 용도지역으로 나누어 지정하려면 도시·군관리계획으로 결정하여야 한다.
⑤ 도시지역이 세부 용도지역으로 지정되지 아니한 경우에는 용도지역의 용적률 규정을 적용할 때에 보전녹지지역에 관한 규정을 적용한다.

해설 「택지개발촉진법」에 따른 택지개발지구로 지정·고시 되었다가 택지개발사업의 완료로 지구 지정이 해제되는 경우(개발사업의 완료로 해제되는 경우는 제외) 이 법 또는 다른 법률에서 따로 정하고 있지 아니한 경우에는 이를 지정하기 이전의 용도지역으로 환원된 것으로 본다.

답 ②

11 국토의 계획 및 이용에 관한 법령상 용도지역에 관한 설명으로 옳은 것은? ▼ 제35회

① 용도지역은 토지를 경제적·효율적으로 이용하기 위하여 필요한 경우 서로 중복되게 지정할 수 있다.

② 용도지역은 필요한 경우 도시·군기본계획으로 결정할 수 있다.

③ 주민은 상업지역에 산업·유통개발진흥지구를 지정하여 줄 것을 내용으로 하는 도시·군관리계획의 입안을 제안할 수 있다.

④ 바다인 공유수면의 매립구역이 둘 이상의 용도지역과 이웃하고 있는 경우 그 매립구역은 이웃하고 있는 가장 큰 용도지역으로 지정된 것으로 본다.

⑤ 관리지역에서 「농지법」에 따른 농업진흥지역으로 지정·고시된 지역은 「국토의 계획 및 이용에 관한 법률」에 따른 농림지역으로 결정·고시된 것으로 본다.

해설

① 용도지역은 토지를 경제적·효율적으로 이용하기 위하여 필요한 경우 서로 <u>중복되지 않게</u> 지정할 수 있다.

② 용도지역은 필요한 경우 <u>도시·군관리계획</u>으로 결정할 수 있다.

③ 주민은 산업·유통개발진흥지구(<u>공업·유통·물류기능</u>)를 지정하여 줄 것을 내용으로 하는 도시·군관리계획의 입안을 제안할 수 있다.

④ 바다인 공유수면의 매립구역이 둘 이상의 용도지역과 이웃하고 있는 경우에는 이웃하고 있는 용도지역의 <u>내용과 같으면 도시·군관리계획의 입안·결정절차 없이 이웃하고 있는 용도지역으로 지정된 것으로 보고 내용과 다르면 도시·군관리계획으로 지정하여야</u> 한다.

답 ⑤

01 국토의 계획 및 이용에 관한 법률상 용어의 정의에 관한 조문의 일부이다. (   )에 들어
갈 내용을 바르게 나열한 것은? ▼ 제30회

> "(ㄱ)"(이)란 토지의 이용 및 건축물의 용도·건폐율·용적률·높이 등에 대
> 한 (ㄴ)의 제한을 강화하거나 완화하여 적용함으로써 (ㄴ)의 기능을
> 증진시키고 경관·안전 등을 도모하기 위하여 도시·군관리계획으로 결정하는 지역을
> 말한다.

① ㄱ: 용도지구 ㄴ: 용도지역　　　② ㄱ: 용도지구 ㄴ: 용도구역
③ ㄱ: 용도지역 ㄴ: 용도지구　　　④ ㄱ: 용도지구 ㄴ: 용도지역 및 용도구역
⑤ ㄱ: 용도지역 ㄴ: 용도구역 및 용도지구

[해설] 용도지구란 토지의 이용 및 건축물의 용도·건폐율·용적률·높이 등에 대한 용도지역의 제한을 강화하
거나 완화하여 적용함으로써 용도지역의 기능을 증진시키고 경관·안전 등을 도모하기 위하여 도시·군관리
계획으로 결정하는 지역을 말한다.

정답 ①

02 국토의 계획 및 이용에 관한 법령상 용도지구와 그 세분(細分)이 바르게 연결된 것만을
모두 고른 것은? (단, 조례는 고려하지 않음) ▼ 제30회

> ㄱ. 보호지구 − 역사문화환경보호지구, 중요시설물보호지구, 생태계보호지구
> ㄴ. 방재지구 − 자연방재지구, 시가지방재지구, 특정개발방제지구
> ㄷ. 경관지구 − 자연경관지구, 주거경관지구, 시가지경관지구
> ㄹ. 취락지구 − 자연취락지구, 농어촌취락지구, 집단취락지구

① ㄱ　　　　　　　　　② ㄹ　　　　　　　　　③ ㄱ, ㄷ
④ ㄴ, ㄹ　　　　　　　⑤ ㄷ, ㄹ

[해설]
ㄴ. 방재지구 − 자연방재지구, 시가지방재지구
ㄷ. 경관지구 − 자연경관지구, 특화경관지구, 시가지경관지구
ㄹ. 취락지구 − 자연취락지구, 집단취락지구

정답 ①

03 국토의 계획 및 이용에 관한 법령상 개발진흥지구를 세분하여 지정할 수 있는 지구에 해당하지 <u>않는</u> 것은? (단, 조례는 고려하지 않음)   ⌄ 제35회

① 주거개발진흥지구
② 중요시설물개발진흥지구
③ 복합개발진흥지구
④ 특정개발진흥지구
⑤ 관광·휴양개발진흥지구

해설 개발진흥지구는 특정개발진흥지구, 주거개발진흥지구, 산업·유통개발진흥지구, 관광·휴양개발진흥지구, 복합개발진흥지구로 세분화한다.

답 ②

04 국토의 계획 및 이용에 관한 법령상 공업기능 및 유통·물류기능을 중심으로 개발·정비할 필요가 있는 용도지구는?   ⌄ 제31회

① 복합용도지구   ② 주거개발진흥지구
③ 산업·유통개발진흥지구   ④ 관광·휴양개발진흥지구
⑤ 특정개발진흥지구

해설 공업기능 및 유통·물류기능을 중심으로 개발·정비할 필요가 있는 용도지구는 산업·유통개발진흥지구

답 ③

05 국토의 계획 및 이용에 관한 법령상 용도지구에 관한 설명이다. (   )에 들어갈 내용으로 옳은 것은? ⌄ 제34회

> • 집단취락지구: (ㄱ) 안의 취락을 정비하기 위하여 필요한 지구
> • 복합개발진흥지구: 주거기능, (ㄴ)기능, 유통·물류기능 및 관광·휴양기능 중 2 이상의 기능을 중심으로 개발·정비할 필요가 있는 지구

① ㄱ: 개발제한구역, ㄴ: 공업
② ㄱ: 자연취락지구, ㄴ: 상업
③ ㄱ: 개발제한구역, ㄴ: 상업
④ ㄱ: 관리지역, ㄴ: 공업
⑤ ㄱ: 관리지역, ㄴ: 교통

해설
• 집단취락지구: 개발제한구역 안의 취락을 정비
• 복합개발진흥지구: 주거기능, 공업기능·유통·물류기능 및 관광·휴양기능 중 2 이상의 기능을 중심으로 개발·정비

답 ①

06 국토의 계획 및 이용에 관한 법령상 세분된 용도지구의 정의로 틀린 것은? ⌄ 제25회

① 시가지경관지구: 지역 내 주거지, 중심지 등 시가지의 경관을 보호·유지하거나 형성을 위하여 필요한 지구
② 자연취락지구: 녹지지역·관리지역·농림지역 또는 자연환경보전지역 안의 취락을 정비하기 위하여 필요한 지구
③ 역사문화환경보호지구: 지역 내 주요 수계의 수변 또는 문화적 보존가치가 큰 건축물 주변의 경관 등 특별한 경관을 보호·유지하거나 형성을 위하여 필요한 지구
④ 주거개발진흥지구: 주거기능을 중심으로 개발·정비할 필요가 있는 지구
⑤ 복합개발진흥지구: 주거기능, 공업기능, 유통·물류기능 및 관광·휴양기능 중 2 이상의 기능을 중심으로 개발·정비할 필요가 있는 지구

해설 특화경관지구에 대한 설명이다(역사문화환경보호지구 − 문화재·전통사찰 등 역사·문화적으로 보존가치가 큰 시설 및 지역의 보호와 보존을 위하여 필요한 지구).

답 ③

07 국토의 계획 및 이용에 관한 법령상 시·도지사가 복합용도지구를 지정할 수 있는 용도 지역에 해당하는 것을 모두 고른 것은?   ☞ 제34회

ㄱ. 준주거지역	ㄴ. 근린상업지역
ㄷ. 일반공업지역	ㄹ. 계획관리지역
ㅁ. 일반상업지역	

① ㄱ, ㄴ   ② ㄷ, ㄹ
③ ㄱ, ㄴ, ㄷ   ④ ㄷ, ㄹ, ㅁ
⑤ ㄱ, ㄴ, ㄹ, ㅁ

해설 시·도지사 또는 대도시 시장은 일반주거지역·일반공업지역·계획관리지역에 복합용도지구를 지정할 수 있다.

답 ②

08 국토의 계획 및 이용에 관한 법령상 자연취락지구 안에 건축할 수 있는 건축물에 해당하지 않은 것은? (단, 4층 이하의 건축물에 한하고, 조례는 고려하지 않음)   ☞ 제25회

① 단독주택   ② 노래연습장
③ 축산업용 창고   ④ 방송국
⑤ 정신병원

해설 4층 이하일지라도 일반음식점, 휴게음식점, 단란주점, 안마시술소, 관광휴게시설, 정신병원, 장례식장은 건축할 수 없다.

답 ⑤

09 국토의 계획 및 이용에 관한 법령상 자연취락지구 안에서 건축할 수 있는 건축물에 해당하지 않은 것은? (단, 4층 이하의 건축물이고, 조례는 고려하지 않음)   ☞ 제31회

① 동물 전용의 장례식장   ② 단독주택
③ 도축장   ④ 마을회관
⑤ 한의원

해설 동물 전용의 장례식장은 장례식장에 해당하여 건축할 수 없다.

답 ①

10 국토의 계획 및 이용에 관한 법령상 용도지구안에서의 건축제한 등에 관한 설명으로 **틀린 것은?** (단, 건축물은 도시·군계획시설이 아니며, 조례는 고려하지 않음)　▼ 제29회

① 지구단위계획 또는 관계 법률에 따른 개발계획을 수립하지 아니하는 개발진흥지구에서는 개발진흥지구의 지정목적 범위에서 해당 용도지역에서 허용되는 건축물을 건축할 수 있다.

② 고도지구 안에서는 도시·군관리계획으로 정하는 높이를 초과하는 건축물을 건축할 수 없다.

③ 일반주거지역에 지정된 복합용도지구 안에서는 장례시설을 건축할 수 있다.

④ 방재지구 안에서는 용도지역 안에서의 층수 제한에 있어 1층 전부를 필로티 구조로 하는 경우 필로티 부분을 층수에서 제외한다.

⑤ 자연취락지구 안에서는 4층 이하의 방송통신시설을 건축할 수 있다.

해설 일반주거지역에 지정된 복합용도지구 안에서는 장례시설을 건축할 수 <u>없다</u>.

정답 ③

11 국토의 계획 및 이용에 관한 법령상 국가 또는 지방자치단체가 자연취락지구 안의 주민의 생활편익과 복지증진 등을 위하여 시행하거나 지원할 수 있는 사업만을 모두 고른 것은?　▼ 제30회

> ㄱ. 어린이놀이터·마을회관의 설치
> ㄴ. 쓰레기처리장·하수처리시설의 개량
> ㄷ. 하천정비 등 재해방지를 위한 시설의 설치
> ㄹ. 주택의 개량

① ㄱ, ㄴ, ㄷ　　　　　　　　② ㄱ, ㄴ, ㄹ
③ ㄱ, ㄷ, ㄹ　　　　　　　　④ ㄴ, ㄷ, ㄹ
⑤ ㄱ, ㄴ, ㄷ, ㄹ

해설 국가나 지방자치단체는 자연취락지구 안의 주민의 생활 편익과 복지 증진 등을 위하여 다음의 사업을 시행하거나 그 사업을 지원할 수 있다.
㉮ <u>어린이놀이터</u>·공원·녹지·주차장·학교·<u>마을회관</u> 등의 설치·정비
㉯ <u>쓰레기처리장</u>·<u>하수처리시설</u> 등의 설치·개량
㉰ <u>하천정비 등 재해방지를 위한</u> 시설의 설치·개량
㉱ <u>주택</u>의 신축·<u>개량</u>
㉲ 도로·수도공급설비·하수도 등의 정비

정답 ⑤

01 국토의 계획 및 이용에 관한 법령상 도시·군관리계획의 결정권자가 다른 것은? (수산자원보호구역은 제외) ❧ 제29회 수정

① 개발제한구역의 지정에 관한 도시·군관리계획

② 도시자연공원구역의 지정에 관한 도시·군관리계획

③ 도시·군관리계획의 수립기준

④ 국가계획과 연계하여 시가화조정구역의 지정이 필요한 경우 시가화조정구역의 지정에 관한 도시·군관리계획

⑤ 둘 이상의 시·도에 걸쳐 이루어지는 사업의 계획 중 도시·군관리계획으로 결정하여야 할 사항이 있는 경우 국토교통부장관이 입안한 도시·군관리계획

해설 도시자연공원구역의 지정에 관한 도시·군관리계획은 시·도지사, 대도시시장이 지정(①③④⑤는 국토교통부장관)

답 ②

02 국토의 계획 및 이용에 관한 법령상 시가화조정구역에 관한 설명으로 옳은 것은?

❧ 제32회

① 시가화조정구역은 도시지역과 그 주변지역의 무질서한 시가화를 방지하고 계획적·단계적인 개발을 도모하기 위하여 시·도지사가 도시·군기본계획으로 결정하여 지정하는 용도구역이다.

② 시가화유보기간은 5년 이상 20년 이내의 기간이다.

③ 시가화유보기간이 끝나면 국토교통부장관 또는 시·도지사는 이를 고시하여야 하고, 시가화조정구역 지정 결정은 그 고시일 다음 날부터 그 효력을 잃는다.

④ 공익상 그 구역 안에서의 사업시행이 불가피한 것으로서 주민의 요청에 의하여 시·도지사가 시가화조정구역의 지정목적달성에 지장이 없다고 인정한 도시·군계획사업은 시가화조정구역에서 시행할 수 있다.

⑤ 시가화조정구역에서 입목의 벌채, 조림, 육림 행위는 허가 없이 할 수 있다.

해설

① 시가화조정구역은 도시지역과 그 주변지역의 무질서한 시가화를 방지하고 계획적·단계적 개발을 도모하기 위하여 시·도지사가 도시·군관리계획으로 결정할 수 있다.

③ 시가화조정구역의 지정에 관한 도시·군관리계획의 결정은 <u>시가화 유보기간이 끝난 날의 다음날부터 그 효력을 잃는다.</u>

④ 시가화조정구역에서의 도시·군계획사업은 <u>국방상 또는 공익상</u> 시가화조정구역 안에서의 사업시행이 불가피한 것으로서 <u>관계 중앙행정기관의 장의 요청에 의하여</u> <u>국토교통부장관이</u> 그 지정목적달성에 지장이 없다고 인정하는 도시·군계획사업만 시행할 수 있다.

⑤ <u>입목의 벌채, 조림, 육림,</u> 토석의 채취, 그 밖의 경미한 행위는 특별시장·광역시장·특별자치시장·특별자치도지사·시장 또는 군수의 <u>허가를 받아</u> 그 행위를 할 수 있다.

답 ②

---

03 국토의 계획 및 이용에 관한 법령상 시가화조정구역 안에서 특별시장·광역시장·특별자치시장·특별자치도지사·시장 또는 군수의 허가를 받아 할 수 있는 행위에 해당하지 않는 것은? (단, 도시·군계획사업은 고려하지 않음)　　▼ 제33회

① 농업·임업 또는 어업을 영위하는 자가 관리용건축물로서 기존 관리용건축물의 면적을 제외하고 33제곱미터를 초과하는 것을 건축하는 행위

② 주택의 증축(기존 주택의 면적을 포함하여 100제곱미터 이하에 해당하는 면적의 증축을 말한다)

③ 마을공동시설로서 정자 등 간이휴게소의 설치

④ 마을공동시설로서 농로·제방 및 사방시설의 설치

⑤ 마을공동시설로서 농기계수리소 및 농기계용 유류판매소(개인소유의 것을 포함한다)의 설치

해설 허가를 받아 할 수 있는 경우

㉮ 농업·임업 또는 어업을 영위하는 자가 농업·임업 또는 어업용의 건축물(축사, 퇴비사, 잠실, 양어장, 창고, 생산시설, 관리용건축물 33m² 이하)이나 그 밖의 시설을 건축하는 행위

㉯ 주민의 생활을 영위하는 데에 필요한 행위

ⓐ 주택의 증축(기존주택의 면적을 포함하여 100m² 이하), 부속건축물의 건축(기존건축물의 면적을 포함하여 33m² 이하에 해당하는 면적의 신축·증축·재축 또는 대수선)

ⓑ 마을공동시설의 설치

ⓒ 공익시설·공용시설 및 공공시설 등의 설치

ⓓ 광공업 등을 위한 건축물 및 공작물 설치

ⓔ 기존 건축물의 동일한 용도 및 규모 안에서의 개축·재축 및 대수선

ⓕ 종교시설의 증축(새로운 대지조성은 허용되지 아니하며, 증축면적은 시가화조정구역 지정당시의 종교시설 연면적의 200%를 초과할 수 없다)

㉰ 입목의 벌채, 조림, 육림, 토석의 채취, 토지의 합병 및 분할 등 경미한 행위

답 ①

04 국토의 계획 및 이용에 관한 법령상 해당 구역으로 지정되면 「건축법」 제69조에 따른 특별건축구역으로 지정된 것으로 보는 구역을 모두 고른 것은? ▼ 제35회

> ㄱ. 도시혁신구역　　　　　　　　ㄴ. 복합용도구역
> ㄷ. 시가화조정구역　　　　　　　ㄹ. 도시자연공원구역

① ㄱ　　　　　　　② ㄱ, ㄴ　　　　　　　③ ㄷ, ㄹ
④ ㄴ, ㄷ, ㄹ　　　　⑤ ㄱ, ㄴ, ㄷ, ㄹ

(해설) ㄱ. 도시혁신구역, ㄴ. 복합용도구역으로 지정되면 특별건축구역으로 지정된 것으로 본다.

(답) ②

05 국토의 계획 및 이용에 관한 법령상 용도지역·용도지구·용도구역에 관한 설명으로 **틀린** 것은? ▼ 제28회

① 국토교통부장관이 용도지역을 지정하는 경우에는 도시·군관리계획으로 결정한다.
② 시·도지사는 도시자연공원구역의 변경을 도시·군관리계획으로 결정할 수 있다.
③ 시·도지사는 법률에서 정하고 있는 용도지구 외에 새로운 용도지구를 신설할 수 없다.
④ 집단취락지구란 개발제한구역 안의 취락을 정비하기 위하여 필요한 지구를 말한다.
⑤ 방재지구의 지정을 도시·군관리계획으로 결정하는 경우 도시·군관리계획의 내용에는 해당 방재지구의 재해저감대책을 포함하여야 한다.

(해설) 시·도지사는 법률에서 정하고 있는 용도지구 외에 새로운 용도지구를 신설할 수 있다.

(답) ③

06 A시에서 甲이 소유하고 있는 1,000m²의 대지는 제1종 일반주거지역에 800m², 제2종 일반주거지역에 200m²씩 걸쳐 있다. 甲이 대지 위에 건축할 수 있는 최대 연면적이 1,200m²일 때, A시 조례에서 정하고 있는 제1종 일반주거지역의 용적률은? (다만, 조례상 제2종 일반주거지역의 용적률은 200%이며, 기타 건축제한은 고려하지 않음) ▼ 제21회

① 100%　　　　　　② 120%　　　　　　③ 150%
④ 180%　　　　　　⑤ 200%

(해설)

대지: 1,000m²	최대연면적: 1,200m²(용적률 120%)
제1종 일반주거지역에 800m² ＝용적률 A%(800m²)	제2종 일반주거지역에 200m² ＝용적률 200%(400m²)

A＝용적률: 100%

(답) ①

07 A시에 소재하고 있는 甲의 대지는 1,200m²로 그림과 같이 준주거지역과 일반상업지역에 걸쳐 있으면서, 도로변에 띠 모양으로 지정된 일반상업지역으로 지정되어 있다. 甲이 대지 위에 하나의 건축물을 건축하고자 할 때, 건축할 수 있는 건축물의 최대 연면적은? (단, A시의 도시·군계획조례상 일반상업지역 용적률은 800%, 건폐율은 80%이며, 준주거지역의 용적률은 500%, 건폐율은 60%이고, 이외의 기타 건축제한은 고려하지 않음)

▼ 제22회 수정

준주거지역
800m²
일반상업지역
400m²
도로

① 7,200m²   ② 6,000m²

③ 4,800m²   ④ 4,000m²

⑤ 3,000m²

해설

대지 : 1,200m²

준주거지역(800m²)
건폐율 : 60%(480m²) 용적률 : 500%(4,000m²)
일반상업지역(400m²)
건폐율 : 80%(320m²) 용적률 : 800%(3,200m²)
도로

최대연면적 : 4,000m²+3,200m²=Am²(7,200m²)

답 ①

08 국토의 계획 및 이용에 관한 법령상 용도지역·용도구역에 관한 설명으로 옳은 것은? (단, 조례는 고려하지 않음)

제33회

① 대도시 시장은 유통상업지역에 복합용도지구를 지정할 수 있다.

② 대도시 시장은 재해의 반복 발생이 우려되는 지역에 대해서는 특정용도제한지구를 지정하여야 한다.

③ 용도지역 안에서의 건축물의 용도·종류 및 규모의 제한에 대한 규정은 도시·군계획시설에 대해서도 적용된다.

④ 공유수면의 매립 목적이 그 매립구역과 이웃하고 있는 용도지역의 내용과 다른 경우 그 매립준공구역은 이와 이웃하고 있는 용도지역으로 지정된 것으로 본다.

⑤ 「택지개발촉진법」에 따른 택지개발지구로 지정·고시된 지역은 「국토의 계획 및 이용에 관한 법률」에 따른 도시지역으로 결정·고시된 것으로 본다.

해설

① 일반주거지역, 일반공업지역, 계획관리지역에만 지정

② 방재지구에 관한 설명이다(특정용도제한지구 : 주거 및 교육 환경 보호나 청소년 보호 등의 목적으로 오염물질 배출시설, 청소년 유해시설 등 특정시설의 입지를 제한할 필요가 있는 지구).

③ 용도지역 안에서의 도시·군계획시설에 대하여는 건축제한의 규정을 적용하지 아니한다.

④ 공유수면의 매립 목적이 그 매립구역과 이웃하고 있는 용도지역의 내용과 다른 경우 및 그 매립구역이 둘 이상의 용도지역에 걸쳐 있거나 이웃하고 있는 경우 그 매립구역이 속할 용도지역은 원칙에 따라 도시·군관리계획결정으로 지정하여야 한다.

답 ⑤

01 국토의 계획 및 이용에 관한 법령상 아래 내용을 뜻하는 용어는? ▼ 제30회 수정

> 도시·군계획 수립 대상지역의 일부에 대하여 토지 이용을 합리화하고 그 기능을 증진
> 시키며 미관을 개선하고 양호한 환경을 확보하며, 그 지역을 체계적·계획적으로 관리
> 하기 위하여 수립하는 도시·군관리계획

① 일부관리계획   ② 지구단위계획
③ 도시·군기본계획   ④ 시가화조정구역계획
⑤ 공간재구조화계획

해설 지구단위계획이란 도시·군계획 수립 대상지역의 일부에 대하여 토지 이용을 합리화하고 그 기능을 증진시키며 미관을 개선하고 양호한 환경을 확보하며, 그 지역을 체계적·계획적으로 관리하기 위하여 수립하는 도시·군관리계획을 말한다.

답 ②

02 국토의 계획 및 이용에 관한 법령상 지구단위계획 및 지구단위계획구역에 관한 설명으로 틀린 것은? ▼ 제25회

① 주민은 도시·군관리계획의 입안권자에게 지구단위계획의 변경에 관한 도시·군관리계획의 입안을 제안할 수 있다.
② 개발제한구역에서 해제되는 구역 중 계획적인 개발 또는 관리가 필요한 지역은 지구단위계획구역으로 지정될 수 있다.
③ 시장 또는 군수가 입안한 지구단위계획의 수립·변경에 관한 도시·군관리계획은 해당 시장 또는 군수가 직접 결정한다.
④ 지구단위계획의 수립기준은 시·도지사가 국토교통부장관과 협의하여 정한다.
⑤ 도시지역 외의 지역으로서 용도지구를 폐지하고 그 용도지구에서의 행위 제한 등을 지구단위계획으로 대체하려는 지역은 지구단위계획구역으로 지정될 수 있다.

해설 지구단위계획의 수립기준 등은 대통령령으로 정하는 바에 따라 국토교통부장관이 정한다.

답 ④

03 국토의 계획 및 이용에 관한 법령상 지구단위계획구역의 지정에 관한 설명으로 옳은 것은? (단, 조례는 고려하지 않음) 제34회

① 「산업입지 및 개발에 관한 법률」에 따른 준산업단지에 대하여는 지구단위계획구역을 지정할 수 없다.
② 도시지역 내 복합적인 토지 이용을 증진시킬 필요가 있는 지역으로서 지구단위계획구역을 지정할 수 있는 지역에 일반공업지역은 해당하지 않는다.
③ 「택지개발촉진법」에 따라 지정된 택지개발지구에서 시행되는 사업이 끝난 후 5년이 지나면 해당 지역은 지구단위계획구역으로 지정하여야 한다.
④ 도시지역 외의 지역을 지구단위계획구역으로 지정하려면 지정하려는 구역 면적의 3분의 2 이상이 계획관리지역이어야 한다.
⑤ 농림지역에 위치한 산업·유통개발진흥지구는 지구단위계획구역으로 지정할 수 있는 대상지역에 포함되지 않는다.

해설
① 산업단지와 준산업단지 및 관광단지와 관광특구는 지구단위계획구역을 지정할 수 있다.
③ 정비구역 및 택지개발지구에서 시행되는 사업이 끝난 후 10년이 지난 지역은 지구단위계획구역을 지정하여야 한다.
④ 지정구역 면적의 100분의 50 이상이 계획관리지역
⑤ 산업·유통개발진흥지구 및 복합개발진흥지구(주거기능이 포함×) : 계획관리지역·생산관리지역 또는 농림지역

답 ②

04 국토의 계획 및 이용에 관한 법령상 지구단위계획에 관한 설명으로 틀린 것은? 제27회

① 지구단위계획은 도시·군관리계획으로 결정한다.
② 두 개의 노선이 교차하는 대중교통 결절지로부터 2km 이내에 위치한 지역은 지구단위계획구역으로 지정하여야 한다.
③ 시·도지사는 도시개발법에 따라 지정된 도시개발구역의 전부 또는 일부에 대하여 지구단위계획구역을 지정할 수 있다.
④ 지구단위계획의 수립기준은 국토교통부장관이 정한다.
⑤ 택지개발촉진법에 따라 지정된 택지개발지구에서 시행되는 사업이 끝난 후 10년이 지난 지역으로서 관계 법률에 따른 토지 이용과 건축에 관한 계획이 수립되어 있지 않은 지역은 지구단위계획구역으로 지정하여야 한다.

해설 세 개의 노선이 교차하는 대중교통 결절지로부터 1km 이내에 위치한 지역은 지구단위계획구역으로 지정할 수 있다.

답 ②

05   국토의 계획 및 이용에 관한 법령상 지구단위계획 등에 관한 설명으로 **틀린** 것은?

❤ 제26, 28회

① 「관광진흥법」에 따라 지정된 관광특구에 대하여 지구단위계획구역을 지정할 수 있다.
② 도시지역 외의 지역도 지구단위계획구역으로 지정될 수 있다.
③ 건축물의 형태·색채에 관한 계획도 지구단위계획으로 내용으로 포함될 수 있다.
④ 지구단위계획으로 차량진입금지구간을 지정한 경우 「주차장법」에 따른 주차장 설치 기준을 최대 80%까지 완화하여 적용할 수 있다.
⑤ 주민은 시장 또는 군수에게 지구단위계획구역의 지정에 관한 사항에 대하여 도시·군관리계획의 입안을 제안할 수 있다.

해설 지구단위계획으로 차량진입금지구간을 지정한 경우 「주차장법」에 따른 주차장 설치기준을 최대 100%까지 완화하여 적용할 수 있다.

답 ④

06   국토의 계획 및 이용에 관한 법령상 도시지역 외 지구단위계획구역에서 지구단위계획에 의한 건폐율 등의 완화적용에 관한 설명으로 **틀린** 것은?

❤ 제29회

① 당해 용도지역 또는 개발진흥지구에 적용되는 건폐율의 150퍼센트 이내에서 건폐율을 완화하여 적용할 수 있다.
② 당해 용도지역 또는 개발진흥지구에 적용되는 용적률의 200퍼센트 이내에서 용적률을 완화하여 적용할 수 있다.
③ 당해 용도지역에 적용되는 건축물높이의 120퍼센트 이내에서 높이제한을 완화하여 적용할 수 있다.
④ 계획관리지역에 지정된 개발진흥지구 내의 지구단위계획구역에서는 건축물의 용도·종류 및 규모 등을 완화하여 적용할 수 있다.
⑤ 계획관리지역 외의 지역에 지정된 개발진흥지구 내의 지구단위계획구역에서는 건축물의 용도·종류 및 규모 등을 완화하여 적용할 경우 아파트 및 연립주택은 허용되지 아니한다.

해설 도시지역 외에서는 높이제한을 완화하여 적용할 수 없다.

답 ③

07 국토의 계획 및 이용에 관한 법령상 지구단위계획구역과 지구단위계획에 관한 설명으로 틀린 것은? (단, 조례는 고려하지 않음) ☞ 제32회

① 지구단위계획이 수립되어 있는 지구단위계획구역에서 공사기간 중 이용하는 공사용 가설건축물을 건축하려면 그 지구단위계획에 맞게 하여야 한다.
② 지구단위계획은 해당 용도지역의 특성을 고려하여 수립한다.
③ 시장 또는 군수가 입안한 지구단위계획구역의 지정·변경에 관한 도시·군관리계획은 시장 또는 군수가 직접 결정한다.
④ 지구단위계획구역 및 지구단위계획은 도시·군관리계획으로 결정한다.
⑤ 「관광진흥법」에 따라 지정된 관광단지의 전부 또는 일부에 대하여 지구단위계획구역을 지정할 수 있다.

해설 지구단위계획구역에서 건축물(가설건축물 제외)을 건축 또는 용도변경하거나 공작물을 설치하려면 그 지구단위계획에 맞게 하여야 한다.

답 ①

08 국토의 계획 및 이용에 관한 법령상 도시·군관리계획결정의 실효에 관한 설명이다. (   )에 들어갈 공통된 숫자로 옳은 것은? ☞ 제34회

> 지구단위계획(주민이 입안을 제안한 것에 한정한다)에 관한 도시·군관리계획결정의 고시일부터 (   )년 이내에 「국토의 계획 및 이용에 관한 법률」 또는 다른 법률에 따라 허가·인가·승인 등을 받아 사업이나 공사에 착수하지 아니하면 그 (   )년이 된 날의 다음날에 그 지구단위계획에 관한 도시·군관리계획결정은 효력을 잃는다.

① 2   ② 3
③ 5   ④ 10
⑤ 20

해설 지구단위계획(주민이 입안을 제안한 것에 한정)에 관한 도시·군관리계획결정의 고시일부터 5년 이내에 이 법 또는 다른 법률에 따라 허가·인가·승인 등을 받아 사업이나 공사에 착수하지 아니하면 그 5년이 된 날의 다음날에 그 지구단위계획에 관한 도시·군관리계획결정은 효력을 잃는다.

답 ③

기반시설

01 국토의 계획 및 이용에 관한 법령상 기반시설 중 방재시설에 해당하지 **않은** 것은?

⌄ 제25회

① 하천   ② 유수지
③ 하수도   ④ 사방설비
⑤ 저수지

해설 폐차장 · 하수도 · 빗물저장 및 이용시설 · 폐기물처리 및 재활용시설 · 수질오염방지시설은 환경기초시설이다.

답 ③

02 국토의 계획 및 이용에 관한 법령상 기반시설의 종류와 그 해당시설의 연결로 **틀린** 것은?

⌄ 제26회

① 교통시설 − 폐차장
② 공간시설 − 유원지
③ 공공 · 문화체육시설 − 청소년수련시설
④ 방재시설 − 저수지
⑤ 환경기초시설 − 하수도

해설 폐차장 · 하수도 · 빗물저장 및 이용시설 · 폐기물처리 및 재활용시설 · 수질오염방지시설은 환경기초시설이다.

답 ①

03 국토의 계획 및 이용에 관한 법률상 기반시설의 종류와 그 해당 시설의 연결로 **틀린** 것은?

⌄ 제28회

① 교통시설 − 건설기계운전학원
② 유통 · 공급시설 − 방송 · 통신시설
③ 방재시설 − 하천
④ 공간시설 − 수목장
⑤ 환경기초시설 − 폐차장

해설 수목장은 장사시설에 해당하여 기반시설 중 보건위생시설이다.

답 ④

04 국토의 계획 및 이용에 관한 법령상 기반시설의 종류와 그 해당 시설의 연결이 틀린 것은?

제32회

① 교통시설 ─ 차량 검사 및 면허시설
② 공간시설 ─ 녹지
③ 유통·공급시설 ─ 방송·통신시설
④ 공공·문화체육시설 ─ 학교
⑤ 보건위생시설 ─ 폐기물처리 및 재활용시설

해설 폐차장·하수도·빗물저장 및 이용시설·<u>폐기물처리 및 재활용시설</u>·수질오염방지시설은 <u>환경기초시설</u>이다.

정답 ⑤

05 국토의 계획 및 이용에 관한 법령상 도시지역에서 기반시설을 설치하는 경우 도시·군관리계획으로 결정하여야 하는 것은?

제25회

① 전세버스운송사업용 여객자동차터미널
② 광장 중 건축물부설광장
③ 발전시설
④ 대지면적이 400제곱미터인 도축장
⑤ 폐기물처리시설 중 재활용시설

해설 전기공급설비 중 <u>발전시설</u>, 옥외에 설치하는 변전시설 및 지상에 설치하는 전압 15만 4천볼트 이상의 송전선로는 제외

정답 ③

06 국토의 계획 및 이용에 관한 법령상 기반시설인 자동차정류장을 세분할 경우 이에 해당하지 않는 것은?

제27회

① 화물터미널   ② 공영차고지
③ 복합환승센터   ④ 화물자동차 휴게소
⑤ 교통광장

해설 교통광장(공간시설 중 광장)

정답 ⑤

07 국토의 계획 및 이용에 관한 법령상 도시지역에서 미리 도시·군관리계획으로 결정하지 않고 설치할 수 있는 시설을 모두 고른 것은? ✔ 제33회

> ㄱ. 광장(건축물부설광장은 제외한다)
> ㄴ. 대지면적이 500제곱미터 미만인 도축장
> ㄷ. 폐기물처리 및 재활용시설 중 재활용시설
> ㄹ. 「고등교육법」에 따른 방송대학·통신대학 및 방송통신대학

① ㄱ
② ㄱ, ㄹ
③ ㄴ, ㄷ
④ ㄴ, ㄷ, ㄹ
⑤ ㄱ, ㄴ, ㄷ, ㄹ

해설 미리 도시·군관리계획으로 결정하지 않고 설치할 수 있는 시설
㉮ 주차장, 차량검사 및 면허시설, 공공공지, 열공급설비, 방송·통신시설, 시장·공공청사·문화시설·공공 필요성이 인정되는 체육시설·연구시설·사회복지시설·공공직업 훈련시설·청소년수련시설·저수지·방화설비·방풍설비·방수설비·사방설비·방조설비·장사시설·도축장(500m² 미만)·종합의료시설·빗물저장 및 이용시설·폐차장·폐기물처리 및 재활용시설 중 재활용시설, 전기공급설비(발전시설·옥외 변전시설 제외) 등
㉯ 「도시공원 및 녹지 등에 관한 법률」의 규정에 따라 점용허가대상이 되는 공원 안의 기반시설
㉰ 도시지역 외 지역은 유치원, 대안학교, 방송통신대학교
㉱ 도심공항터미널, 전세버스운송사업용여객자동차터미널, 건축물부설광장

 🖹 ④

08 국토의 계획 및 이용에 관한 법령상 공동구가 설치된 경우 공동구에 수용하기 위하여 공동구협의회의 심의를 거쳐야 하는 시설은? ✔ 제26회

① 전선로
② 수도관
③ 열수송관
④ 가스관
⑤ 통신선로

해설 가스관, 하수도관은 공동구협의회의 심의를 거쳐야 한다(임의적수용).

 🖹 ④

09 국토의 계획 및 이용에 관한 법령상 공동구에 관한 설명으로 틀린 것은?   ⌄ 제25회

① 사업시행자는 공동구의 설치공사를 완료한 때에는 지체 없이 공동구에 수용할 수 있는 시설의 종류와 공동구 설치위치를 일간신문에 공시하여야 한다.

② 공동구의 설치에 필요한 비용은 이 법 또는 다른 법률에 특별한 규정이 있는 경우를 제외하고는 공동구를 점용하려는 자와 사업시행자가 부담한다.

③ 공동구관리자는 5년마다 해당 공동구의 안전 및 유지관리계획을 대통령령으로 정하는 바에 따라 수립·시행하여야 한다.

④ 공동구의 관리에 소요되는 비용은 그 공동구를 점용하는 자가 함께 부담하되, 부담비율은 점용면적을 고려하여 공동구관리자가 정한다.

⑤ 공동구를 점용하거나 사용하는 자는 조례로 정하는 바에 따라 점용료 또는 사용료를 납부하여야 한다.

해설 사업시행자는 공동구의 설치공사를 완료한 때에는 지체 없이 <u>공동구 점용예정자에게 개별적으로 통지하</u>여야 한다.

답 ①

10 국토의 계획 및 이용에 관한 법령상 사업시행자가 공동구를 설치하여야 하는 지역 등을 모두 고른 것은? (단, 지역 등의 규모는 200만 제곱미터를 초과함)   ⌄ 제31회

> ㄱ. 「공공주택 특별법」에 따른 공공주택지구
> ㄴ. 「도시 및 주거환경정비법」에 따른 정비구역
> ㄷ. 「산업입지 및 개발에 관한 법률」에 따른 일반산업단지
> ㄹ. 「도청이전을 위한 도시건설 및 지원에 관한 특별법」에 따른 도청이전신도시

① ㄱ, ㄴ, ㄷ   ② ㄱ, ㄴ, ㄹ
③ ㄱ, ㄷ, ㄹ   ④ ㄴ, ㄷ, ㄹ
⑤ ㄱ, ㄴ, ㄷ, ㄹ

해설 사업시행자가 공동구를 설치하여야 하는 지역은 ㄱ, ㄴ, ㄹ 외 「도시개발법」에 따른 도시개발구역, 「택지개발촉진법」에 따른 택지개발지구, 「경제자유구역의 지정 및 운영에 관한 특별법」에 따른 경제자유구역이 있다.

답 ②

11 국토의 계획 및 이용에 관한 법령상 광역계획권과 광역시설에 관한 설명으로 **틀린** 것은?

▼ 제28회

① 국토교통부장관은 인접한 둘 이상의 특별시·광역시·특별자치시의 관할 구역 전부 또는 일부를 광역계획권으로 지정할 수 있다.

② 광역시설의 설치 및 관리는 공동구의 설치에 관한 규정에 따른다.

③ 봉안시설, 도축장은 광역시설이 될 수 있다.

④ 관계 특별시장·광역시장·특별자치시장·특별자치도지사는 협약을 체결하거나 협의회 등을 구성하여 광역시설을 설치·관리할 수 있다.

⑤ 국가계획으로 설치하는 광역시설을 그 광역시설을 설치·관리를 사업목적 또는 사업종목으로 하여 다른 법률에 따라 설립된 법인이 설치·관리할 수 있다.

해설 광역시설의 설치 및 관리는 <u>도시·군계획시설의 설치·관리</u>에 따른다.

답 ②

Chapter 08

도시 · 군계획시설사업

01 국토의 계획 및 이용에 관한 법령상 도시 · 군계획시설사업에 관한 설명으로 <u>틀린</u> 것은?

❤ 제32회

① 도시 · 군계획시설은 기반시설 중 도시 · 군관리계획으로 결정된 시설이다.
② 도시 · 군계획시설사업이 같은 도의 관할 구역에 속하는 둘 이상의 시 또는 군에 걸쳐 시행되는 경우에는 국토교통부장관이 시행자를 정한다.
③ 한국토지주택공사는 도시 · 군계획시설사업 대상 토지 소유자 동의 요건을 갖추지 않아도 도시 · 군계획시설사 업의 시행자로 지정을 받을 수 있다.
④ 도시 · 군계획시설사업 실시계획에는 사업의 착수예정일 및 준공예정일도 포함되어야 한다.
⑤ 도시 · 군계획시설사업 실시계획 인가 내용과 다르게 도시 · 군계획시설사업을 하여 토지의 원상회복 명령을 받은 자가 원상회복을 하지 아니하면 「행정대집행법」에 따른 행정대집행에 따라 원상회복을 할 수 있다.

해설 협의가 성립되지 아니하는 경우 도시 · 군계획시설사업을 시행하려는 구역이 <u>같은 도의 관할 구역에 속하는 경우에는 관할 도지사가 시행자를 지정</u>하고, 둘 이상의 시 · 도의 관할 구역에 걸치는 경우에는 국토교통부장관이 시행자를 지정한다.

정답 ②

02 국토의 계획 및 이용에 관한 법령상 도시·군계획시설사업의 시행 등에 관한 설명으로 틀린 것은?　▼ 제28회

① 지방자치단체가 직접 시행하는 경우에는 이행보증금을 예치하여야 한다.

② 광역시장이 단계별집행계획을 수립하고자 하는 때에는 미리 관계 행정기관의 장과 협의하여야 하며, 해당 지방의회의 의견을 들어야 한다.

③ 둘 이상의 시 또는 군의 관할 구역에 걸쳐 시행되는 도시·군계획시설사업이 광역도 시계획과 관련된 경우, 도지사는 관계 시장 또는 군수의 의견을 들어 직접 시행할 수 있다.

④ 시행자는 도시·군계획시설사업을 효율적으로 추진하기 위하여 필요하다고 인정되 면 사업시행대상지역을 둘 이상으로 분할하여 시행할 수 있다.

⑤ 행정청인 시행자는 이해관계인의 주소 또는 거소(居所)가 불분명하여 서류를 송달할 수 없는 경우 그 서류의 송달을 갈음하여 그 내용을 공시할 수 있다.

해설 지방자치단체는 이행보증금 예치대상자가 아니다.

답 ①

03 국토의 계획 및 이용에 관한 법령상 매수의무자인 지방자치단체가 매수청구를 받은 장기 미집행 도시·군계획시설 부지 중 지목이 대(垈)인 토지를 매수할 때에 관한 설명으로 옳은 것은?　▼ 제21, 22, 26회 수정

① 토지소유자가 원하는 경우 매수의무자는 도시·군계획시설채권을 발행하여 그 대금을 지급할 수 있다.

② 매수청구를 받은 토지가 비업무용 토지인 경우 그 대금의 전부에 대하여 도시·군계획시설채권을 발행하여 지급하여야 한다.

③ 매수의무자는 매수청구를 받은 날부터 2년 이내에 매수여부를 결정하여 토지소유자에게 알려야 한다.

④ 도시·군계획시설채권의 상환기간은 10년 이상 20년 이내로 한다.

⑤ 매수청구된 토지의 매수가격은 공시지가로 한다.

해설
② 매수청구를 받은 토지가 비업무용 토지로서 매수대금이 3천만원을 초과하여 그 초과하는 금액을 지급하는 경우에 대하여 도시·군계획시설채권을 발행하여 지급하여야 한다.
③ 매수의무자는 매수청구를 받은 날부터 6개월 이내에 매수여부를 결정하여 토지소유자에게 알려야 한다.
④ 도시·군계획시설채권의 상환기간은 10년 이내로 한다.
⑤ 매수 청구된 토지의 매수가격·매수절차 등에 관하여 이 법에 특별한 규정이 있는 경우 외에는 「공익사업을 위한 토지 등의 취득 및 보상에 관한 법률」을 준용한다.

답 ①

04 甲 소유의 토지는 A광역시 B구에 소재한 지목이 대(垈)인 토지로서 한국토지주택공사를 사업시행자로 하는 도시·군계획시설 부지이다. 甲의 토지에 대해 국토의 계획 및 이용에 관한 법령상 도시·군계획시설 부지의 매수청구권이 인정되는 경우, 이에 관한 설명으로 옳은 것은? (단, 도시·군계획시설의 설치의무자는 사업시행자이며, 조례는 고려하지 않음)   ⋎ 제27회

① 甲의 토지의 매수의무자는 B구청장이다.
② 甲이 매수청구를 할 수 있는 대상은 토지이며, 그 토지에 있는 건축물은 포함되지 않는다.
③ 甲이 원하는 경우 매수의무자는 도시·군계획시설채권을 발행하여 그 대금을 지급할 수 있다.
④ 매수의무자는 매수청구를 받은 날부터 6개월 이내에 매수여부를 결정하여 甲과 A광역시장에게 알려야 한다.
⑤ 매수청구에 대해 매수의무자가 매수하지 아니하기로 결정한 경우 甲은 자신의 토지에 2층의 다세대주택을 건축할 수 있다.

해설
① 甲의 토지의 매수의무자는 <u>사업시행자</u>(한국토지주택공사)이다.
② 甲이 매수청구를 할 수 있는 대상은 토지이며, 그 토지에 있는 <u>건축물은 포함</u>된다.
③ 甲이 원하는 경우 <u>지방자치단체</u>는 도시·군계획시설채권을 발행하여 그 대금을 지급할 수 있다.
⑤ 매수청구에 대해 매수의무자가 매수하지 아니하기로 결정한 경우 甲은 자신의 토지에 <u>3층 이하의 단독주택</u> (<u>다중×, 다가구×</u>)을 건축할 수 있다.
답 ④

05 국토의 계획 및 이용에 관한 법령상 도시·군계획시설에 관한 설명으로 **틀린** 것은? (단, 조례는 고려하지 않음)   ⋎ 제32회

① 도시·군계획시설 부지의 매수의무자인 지방공사는 도시·군계획시설채권을 발행하여 그 대금을 지급할 수 있다.
② 도시·군계획시설 부지의 매수의무자는 매수하기로 결정한 토지를 매수결정을 알린 날부터 2년 이내에 매수하여야 한다.
③ 200만 제곱미터를 초과하는 「도시개발법」에 따른 도시개발구역에서 개발사업을 시행하는 자는 공동구를 설치하여야 한다.
④ 국가계획으로 설치하는 광역시설은 그 광역시설의 설치·관리를 사업종목으로 하여 다른 법률에 따라 설립된 법인이 설치·관리할 수 있다.
⑤ 도시·군계획시설채권의 상환기간은 10년 이내로 한다.

해설 매수의무자가 <u>지방자치단체</u>인 경우에는 채권(도시·군계획시설채권)을 발행하여 지급할 수 있다.
답 ①

06 국토의 계획 및 이용에 관한 법령상 도시·군계획시설에 관한 설명으로 옳은 것은?

제28회

① 도시·군계획시설결정의 고시일부터 5년 이내에 도시·군계획시설사업이 시행되지 아니하는 경우 그 도시·군계획시설의 부지 중 지목이 대(垈)인 토지의 소유자는 그 토지의 매수를 청구할 수 있다.

② 도시개발구역의 규모가 150만m²인 경우 해당 구역의 개발사업 시행자는 공동구를 설치하여야 한다.

③ 공동구가 설치된 경우 하수도관은 공동구협의회의 심의를 거쳐 공동구에 수용할 수 있다.

④ 공동구관리자는 매년 해당 공동구의 안전 및 유지관리 계획을 수립·시행하여야 한다.

⑤ 도시·군계획시설결정은 고시일부터 10년 이내에 도시·군계획시설사업이 시행되지 아니하는 경우 그 고시일부터 10년이 되는 날의 다음날에 그 효력을 잃는다.

해설

① 도시·군계획시설결정의 고시일부터 10년 이내에 도시·군계획시설사업이 시행되지 아니하는 경우 그 도시·군계획시설의 부지 중 지목이 대(垈)인 토지의 소유자는 그 토지의 매수를 청구할 수 있다.

② 도시개발구역의 규모가 200만m² 초과인 경우 해당 구역의 개발사업 시행자는 공동구를 설치하여야 한다.

④ 공동구관리자는 5년마다 해당 공동구의 안전 및 유지관리 계획을 수립·시행하여야 한다.

⑤ 도시·군계획시설결정은 고시일부터 20년 이내에 도시·군계획시설사업이 시행되지 아니하는 경우 그 고시일부터 20년이 되는 날의 다음날에 그 효력을 잃는다.

답 ③

07 국토의 계획 및 이용에 관한 법령상 도시 · 군계획시설에 관한 설명으로 옳은 것은?

▼ 제26회

① 도시지역에서 사회복지시설을 설치하려면 미리 도시 · 군관리계획으로 결정하여야
   한다.
② 도시 · 군계획시설 부지에 대한 매수청구의 대상은 지목이 대(垈)인 토지에 한정되
   며, 그 토지에 있는 건축물은 포함되지 않는다.
③ 용도지역 안에서의 건축물의 용도 · 종류 및 규모의 제한에 대한 규정은 도시 · 군계
   획시설에 대해서도 적용된다.
④ 도시 · 군계획시설 부지에서 도시 · 군관리계획을 입안하는 경우에는 그 계획의 입안
   을 위한 토지적성평가를 실시하지 아니할 수 있다.
⑤ 도시 · 군계획시설사업의 시행자가 행정청인 경우, 시행자의 처분에 대해서는 행정
   심판을 제기할 수 없다.

해설

① 도시지역에서 사회복지시설을 설치하려면 미리 도시 · 군관리계획으로 결정하여야 하는 것은 예외적 사유에
   해당한다(예외사유 : 주차장, 차량검사 및 면허시설, 공공공지, 열공급설비, 방송 · 통신시설, 시장 · 공공청
   사 · 문화시설 · 공공필요성이 인정되는 체육시설 · 연구시설 · 사회복지시설 · 공공직업훈련시설 · 청소년수
   련시설 · 저수지 · 방화설비 · 방풍설비 · 방수설비 · 사방설비 · 방조설비 · 장사시설 · 종합의료시설 · 빗물
   저장 및 이용시설 · 폐차장).
② 도시 · 군계획시설 부지에 대한 매수청구의 대상은 지목이 대(垈)인 토지에 한정되며, 그 토지에 있는 건축
   물은 포함한다.
③ 용도지역과 용도지구 안에서의 도시 · 군계획시설에 대해서는 건축제한의 규정을 적용하지 않는다.
⑤ 도시 · 군계획시설사업의 시행자가 행정청인 경우, 시행자의 처분에 대해서는 행정심판을 제기할 수 있다.

답 ④

08 국토의 계획 및 이용에 관한 법령상 도시·군계획시설에 관한 설명으로 옳은 것은?

제29회 수정

① 「도시개발법」에 따른 도시개발구역이 200만 제곱미터를 초과하는 경우 해당 구역에서 개발사업을 시행하는자는 공동구를 설치하여야 한다.

② 공동구관리자는 10년마다 해당 공동구의 안전 및 유지관리계획을 수립·시행하여야 한다.

③ 도시·군계획시설 부지의 매수 청구시 매수의무자가 매수하지 아니하기로 결정한 날부터 1년이 경과하면 토지소유자는 해당 용도지역에서 허용되는 건축물을 건축할 수 있다.

④ 도시·군계획시설 부지로 되어 있는 토지의 소유자는 입안권자에게 그 토지의 도시·군계획시설결정 해제를 위한 도시·군관리계획 입안을 신청할 수 없다.

⑤ 도시·군계획시설에 대해서 시설결정이 고시된 날부터 10년이 지날 때까지 도시·군계획시설사업이 시행되지 아니한 경우 그 도시·군계획시설의 결정은 효력을 잃는다.

해설

② 공동구관리자는 <u>5년마다</u> 해당 공동구의 안전 및 유지관리계획을 수립·시행하여야 한다.

③ 도시·군계획시설 부지의 매수 청구시 매수의무자가 <u>매수하지 아니하기로 결정한 경우</u> 토지소유자는 해당 용도지역에서 허용되는 건축물을 건축할 수 있다.

④ 도시·군계획시설 부지로 되어 있는 토지의 소유자는 입안권자에게 그 토지의 도시·군계획시설결정 해제를 위한 도시·군관리계획 입안을 신청할 수 <u>있다</u>.

⑤ 도시·군계획시설에 대해서 시설결정이 고시된 날부터 <u>20년</u>이 지날 때까지 도시·군계획시설사업이 시행되지 아니한 경우 그 도시·군계획시설의 결정은 <u>다음날</u> 효력을 잃는다.

답 ①

09 국토의 계획 및 이용에 관한 법령상 도시·군계획시설(이하 '시설'이라 함)에 관한 설명으로 옳은 것은?   ▼ 제35회

① 시설결정의 고시일부터 10년 이내에 실시계획의 인가만 있고 시설사업이 진행되지 아니하는 경우 그 부지의 소유자는 그 토지의 매수를 청구할 수 있다.

② 공동구가 설치된 경우 쓰레기수송관은 공동구협의회의 심의를 거쳐야 공동구에 수용할 수 있다.

③ 「택지개발촉진법」에 따른 택지개발지구가 200만제곱미터를 초과하는 경우에는 공동구를 설치하여야 한다.

④ 시설결정의 고시일부터 20년이 지날 때까지 시설사업이 시행되지 아니하는 경우 그 시설결정은 20년이 되는 날에 효력을 잃는다.

⑤ 시설결정의 고시일부터 10년 이내에 시설사업이 시행되지 아니하는 경우 그 부지 내에 건물만을 소유한 자도 시설결정 해제를 위한 도시·군관리계획 입안을 신청할 수 있다.

해설

① 시설결정의 고시일부터 10년 이내에 <u>실시계획의 인가와 시설사업이 진행되지 아니하는 경우</u> 그 부지의 소유자는 그 토지의 매수를 청구할 수 있다.

② 공동구가 설치된 경우 쓰레기수송관은 공동구협의회의 심의를 거쳐야 공동구에 <u>수용하여야 한다.</u>

④ 시설결정의 고시일부터 20년이 지날 때까지 시설사업이 시행되지 아니하는 경우 그 시설결정은 <u>20년이 되는 날의 다음날</u>에 효력을 잃는다.

⑤ 시설결정의 고시일부터 10년 이내에 시설사업이 시행되지 아니하는 경우 <u>토지소유자</u>는 시설결정 해제를 위한 도시·군관리계획 입안을 신청할 수 있다.

답 ③

개발행위허가

01 국토의 계획 및 이용에 관한 법령상 개발행위의 허가에 관한 설명으로 **틀린** 것은?

제25회

① 개발행위허가를 받은 사업면적을 5퍼센트 범위 안에서 확대 또는 축소하는 경우에는 변경허가를 받지 않아도 된다.

② 허가권자가 개발행위허가를 하면서 환경오염 방지 등의 조치를 할 것을 조건으로 붙이려는 때에는 미리 개발행위허가를 신청한 자의 의견을 들어야 한다.

③ 개발행위허가의 신청 내용이 성장관리계획의 내용에 어긋나는 경우에는 개발행위허가를 하여서는 아니 된다.

④ 자연녹지지역에서는 도시계획위원회의 심의를 통하여 개발행위허가의 기준을 강화 또는 완화하여 적용할 수 있다.

⑤ 건축물 건축에 대해 개발행위허가를 받은 자가 건축을 완료하고 그 건축물에 대해 「건축법」상 사용승인을 받은 경우에는 따로 준공검사를 받지 않아도 된다.

해설 개발행위허가를 받은 사업면적을 5퍼센트 범위 안에서 축소(확대×)하는 경우에는 변경허가를 받지 않아도 된다.

정답 ①

02 국토의 계획 및 이용에 관한 법령상 개발행위허가에 관한 설명으로 **틀린** 것은? (단, 조례는 고려하지 않음)   ✈ 제26회

① 토지분할에 대해 개발행위허가를 받은 자가 그 개발행위를 마치면 관할 행정청의 준공검사를 받아야 한다.

② 건축물의 건축에 대해 개발행위허가를 받은 후 건축물 연면적을 5퍼센트 범위 안에서 확대하려면 변경허가를 받아야 한다.

③ 개발행위허가를 하는 경우 미리 허가신청자의 의견을 들어 경관 등에 관한 조치를 할 것을 조건으로 허가할 수 있다.

④ 도시·군관리계획의 시행을 위한 「도시개발법」에 따른 도시개발사업에 의해 건축물을 건축하는 경우에는 개발행위허가를 받지 않아도 된다.

⑤ 토지의 일부를 국유지 또는 공유지로 하거나 공공시설로 사용하기 위한 토지분할을 하는 경우에는 개발행위허가를 받지 않아도 된다.

해설 건축물의 건축 또는 공작물의 설치, 토지의 형질 변경 및 토석의 채취 행위에 대한 허가를 받은 자는 그 개발행위를 마치면 특별시장·광역시장·특별자치시장·특별자치도지사·시장 또는 군수의 준공검사를 받아야 한다(토지분할, 물건을 쌓아놓는 행위는 제외).

답 ①

03 국토의 계획 및 이용에 관한 법령상 개발행위허가에 관한 설명으로 **옳은** 것은? (단, 조례는 고려하지 않음)   ✈ 제33회

① 「사방사업법」에 따른 사방사업을 위한 개발행위를 허가하려면 지방도시계획위원회의 심의를 거쳐야 한다.

② 토지의 일부가 도시·군계획시설로 지형도면고시가 된 당해 토지의 분할은 개발행위허가를 받아야 한다.

③ 국토교통부장관은 개발행위로 인하여 주변의 환경이 크게 오염될 우려가 있는 지역에서 개발행위허가를 제한하고자 하는 경우 중앙도시계획위원회의 심의를 거쳐야 한다.

④ 시·도지사는 기반시설부담구역으로 지정된 지역에 대해서는 10년간 개발행위허가를 제한할 수 있다.

⑤ 토지분할을 위한 개발행위허가를 받은 자는 그 개발행위를 마치면 시·도지사의 준공검사를 받아야 한다.

해설

① 「사방사업법」에 따른 사방사업을 위한 개발행위는 도시계획위원회의 심의를 거칠 필요가 없다.

② 토지의 일부가 도시·군계획시설로 지형도면고시가 된 당해 토지의 분할은 허가대상 아님

④ 기반시설부담구역으로 지정된 지역은 최대 5년간 개발행위허가를 제한할 수 있다.

⑤ 토지 분할은 준공검사의 대상이 아니다.

답 ③

04 국토의 계획 및 이용에 관한 법령상 개발행위허가에 관한 설명으로 틀린 것은?

제34회

① 농림지역에 물건을 1개월 이상 쌓아놓는 행위는 개발행위의 대상이 아니다.
② 「사방사업법」에 따른 사방사업을 위한 개발행위에 대하여 허가를 하는 경우 중앙도시계획위원회와 지방도시계획위원회의 심의를 거치지 아니한다.
③ 일정 기간 동안 개발행위허가를 제한할 수 있는 대상지역에 지구단위계획구역은 포함되지 않는다.
④ 기반시설부담구역으로 지정된 지역에 대해서는 중앙도시계획위원회나 지방도시계획위원회의 심의를 거치지 아니하고 개발행위허가의 제한을 연장할 수 있다.
⑤ 개발행위허가의 제한을 연장하는 경우 그 연장 기간은 2년을 넘을 수 없다.

해설 개발행위제한구역은 지구단위계획구역을 지정할 수 있다.

정답 ③

05 국토의 계획 및 이용에 관한 법령상 개발행위허가(이하 '허가'라 함)에 관한 설명으로 옳은 것은?

제35회

① 도시·군계획사업에 의하여 10층 이상의 건축물을 건축하려는 경우에는 허가를 받아야 한다.
② 건축물의 건축에 대한 허가를 받은 자가 그 건축을 완료하고 「건축법」에 따른 건축물의 사용승인을 받은 경우 허가권자의 준공검사를 받지 않아도 된다.
③ 허가를 받은 건축물의 연면적을 5퍼센트 범위에서 축소하려는 경우에는 허가권자에게 미리 신고하여야 한다.
④ 허가의 신청이 있는 경우 특별한 사유가 없으면 도시계획위원회의 심의 또는 기타 협의 기간을 포함하여 15일 이내에 허가 또는 불허가의 처분을 하여야 한다.
⑤ 국토교통부장관이 지구단위계획구역으로 지정된 지역에 대하여 허가의 제한을 연장하려면 중앙도시계획위원회의 심의를 거쳐야 한다.

해설
① 도시·군계획사업은 허가대상이 아니다.
③ 허가를 받은 건축물의 연면적을 5퍼센트 범위에서 축소하려는 경우에는 허가나 신고대상이 아니다.
④ 허가의 신청이 있는 경우 특별한 사유가 없으면 도시계획위원회의 심의 또는 기타 협의 기간을 제외하고 15일 이내에 허가 또는 불허가의 처분을 하여야 한다.
⑤ 국토교통부장관이 지구단위계획구역으로 지정된 지역에 대하여 허가의 제한을 연장하려면 중앙도시계획위원회의 심의를 거칠 필요는 없다.

정답 ②

06 국토의 계획 및 이용에 관한 법령상 성장관리계획구역을 지정할 수 있는 지역이 <u>아닌</u> 것은?

⌄ 제32회

① 녹지지역   ② 관리지역   ③ 주거지역
④ 자연환경보전지역   ⑤ 농림지역

해설 성장관리계획구역을 지정할 수 있는 지역은 <u>녹지지역, 관리지역, 농림지역 및 자연환경보전</u>지역으로 한다.

정답 ③

07 국토의 계획 및 이용에 관한 법령상 성장관리계획을 지정할 수 있는 지역에 해당하지 <u>않</u>은 것은?

⌄ 제29회

① 주변지역과 연계하여 체계적인 관리가 필요한 주거지역
② 개발수요가 많아 무질서한 개발이 진행되고 있는 계획관리지역
③ 개발수요가 많아 무질서한 개발이 진행될 것으로 예상되는 생산관리지역
④ 주변의 토지이용 변화 등으로 향후 시가화가 예상되는 농림지역
⑤ 교통여건 변화 등으로 향후 시가화가 예상되는 자연환경보전지역

해설 특별시장·광역시장·특별자치시장·특별자치도지사·시장 또는 군수는 녹지지역, 관리지역, 농림지역 및 자연환경보전지역 중 전부 또는 일부에 대하여 성장관리계획구역을 지정할 수 있다(<u>주거·상업·공업지역×</u>).

정답 ①

08 국토의 계획 및 이용에 관한 법령상 성장관리계획에 관한 설명으로 옳은 것을 모두 고른 것은?

⌄ 제31회 수정

> ㄱ. 기반시설의 배치와 규모에 관한 사항은 성장관리계획 포함대상이 아니다.
> ㄴ. 국토의 계획 및 이용에 관한 법률 제58조에 따른 시가화 용도지역은 성장관리방안의 수립 대상 지역이 아니다.
> ㄷ. 계획관리지역에서 성장관리계획을 정하는 경우에는 50퍼센트 이하의 범위에서 조례로 건폐율을 완화하여 적용할 수 있다.

① ㄱ   ② ㄴ   ③ ㄱ, ㄷ
④ ㄴ, ㄷ   ⑤ ㄱ, ㄴ, ㄷ

해설
ㄱ. <u>기반시설의 배치와 규모에 관한 사항은 성장관리계획에 포함된다.</u>

정답 ④

09 국토의 계획 및 이용에 관한 법령상 성장관리계획구역에서 30퍼센트 이하의 범위에서 성장관리계획으로 정하는 바에 따라 건폐율을 완화하여 적용할 수 있는 지역이 <u>아닌</u> 것은? (단, 조례는 고려하지 않음) ▼ 제35회

① 생산관리지역
② 생산녹지지역
③ 보전녹지지역
④ 자연녹지지역
⑤ 농림지역

해설
계획관리지역(50% 이하), 생산관리지역·농림지역 및 녹지지역(30% 이하)

답 ③

10 국토의 계획 및 이용에 관한 법령상 성장관리계획에 관한 설명으로 옳은 것은? (단, 조례, 기타 강화·완화조건은 고려하지 않음) ▼ 제33회

① 시장 또는 군수는 공업지역 중 향후 시가화가 예상되는 지역의 전부 또는 일부에 대하여 성장관리계획구역을 지정할 수 있다.
② 성장관리계획구역 내 생산녹지지역에서는 30퍼센트 이하의 범위에서 성장관리계획으로 정하는 바에 따라 건폐율을 완화하여 적용할 수 있다.
③ 성장관리계획구역 내 보전관리지역에서는 125퍼센트 이하의 범위에서 성장관리계획으로 정하는 바에 따라 용적률을 완화하여 적용할 수 있다.
④ 시장 또는 군수는 성장관리계획구역을 지정할 때에는 도시·군관리계획의 결정으로 하여야 한다.
⑤ 시장 또는 군수는 성장관리계획구역을 지정하려면 성장관리계획구역안을 7일간 일반이 열람할 수 있도록 해야 한다.

해설
① 녹지지역, 관리지역, 농림지역 및 자연환경보전지역에 지정
③ <u>계획관리지역</u>에서는 125% 이하의 범위에서 용적률을 완화
④ 성장관리계획은 도시·군관리계획과 무관
⑤ 성장관리계획구역안을 <u>14일 이상</u> 일반이 열람할 수 있도록 해야 한다.

답 ②

11 국토의 계획 및 이용에 관한 법령상 개발행위에 따른 공공시설 등의 귀속에 관한 설명으로 틀린 것은?   ☛ 제32회

① 개발행위허가를 받은 행정청이 기존의 공공시설에 대체 되는 공공시설을 설치한 경우에는 새로 설치된 공공시설은 그 시설을 관리할 관리청에 무상으로 귀속된다.

② 개발행위허가를 받은 행정청은 개발행위가 끝나 준공검사를 마친 때에는 해당 시설의 관리청에 공공시설의 종류와 토지의 세목을 통지하여야 한다.

③ 개발행위허가를 받은 자가 행정청이 아닌 경우 개발행위 허가를 받은 자가 새로 설치한 공공시설은 그 시설을 관리할 관리청에 무상으로 귀속된다.

④ 개발행위허가를 받은 행정청이 기존의 공공시설에 대체 되는 공공시설을 설치한 경우에는 종래의 공공시설은 그 행정청에게 무상으로 귀속된다.

⑤ 개발행위허가를 받은 자가 행정청이 아닌 경우 개발행위로 용도가 폐지되는 공공시설은 개발행위허가를 받은 자에게 무상으로 귀속된다.

해설 개발행위허가를 받은 자가 행정청이 아닌 경우: 개발행위허가를 받은 자가 새로 설치한 공공시설은 그 시설을 관리할 관리청에 무상으로 귀속되고, 용도가 폐지되는 공공시설은 새로 설치한 공공시설의 설치비용에 상당하는 범위에서 개발행위허가를 받은 자에게 무상으로 양도할 수 있다.

답 ⑤

12 **국토의 계획 및 이용에 관한 법령상 개발행위허가에 관한 설명으로 옳은 것은?** (단, 다른 법령은 고려하지 않음) ⌄ 제30회 수정

① 재해복구를 위한 응급조치로서 공작물의 설치를 하려는 자는 도시·군계획사업에 의한 행위가 아닌 한 개발행위허가를 받아야 한다.

② 국가나 지방자치단체가 시행하는 개발행위에도 이행보증금을 예치하게 하여야 한다.

③ 환경오염 방지조치를 할 것을 조건으로 개발행위허가를 하려는 경우에는 미리 개발행위허가를 신청한 자의 의견을 들어야 한다.

④ 개발행위허가를 받은 자가 행정청인 경우, 그가 기존의 공공시설에 대체되는 공공시설을 설치하면 기존의 공공시설은 대체되는 공공시설의 설치비용에 상당하는 범위 안에서 개발행위허가를 받은 자에게 무상으로 양도될 수 있다.

⑤ 개발행위허가를 받은 자가 비행정청인 경우, 새로 설치한 공공시설은 그 시설을 관리할 관리청에 유상으로 귀속되고, 용도가 폐지되는 공공시설은 새로 설치한 공공시설의 설치비용에 상당하는 범위에서 개발행위허가를 받은 자에게 유상으로 양도할 수 있다.

해설

① 재해복구를 위한 응급조치로서 공작물의 설치를 하려는 자는 도시·군계획사업에 의한 행위가 아닌 한 개발행위허가를 받지 않는다(1개월 이내 신고).

② 국가나 지방자치단체가 시행하는 개발행위에도 이행보증금 예치 예외대상

④ 개발행위허가를 받은 자가 행정청인 경우, 그가 기존의 공공시설에 대체되는 공공시설을 설치하면 개발행위허가를 받은 자에게 무상으로 귀속된다.

⑤ 개발행위허가를 받은 자가 비행정청인 경우, 새로 설치한 공공시설은 그 시설을 관리할 관리청에 무상으로 귀속되고, 용도가 폐지되는 공공시설은 새로 설치한 공공시설의 설치비용에 상당하는 범위에서 개발행위허가를 받은 자에게 무상으로 양도할 수 있다.

答 ③

13 국토의 계획 및 이용에 관한 법령상 도시 · 군계획시설사업에 관한 설명으로 **틀린** 것은?

제27, 30회 수정

① 도시 · 군관리계획으로 결정된 하천의 정비사업은 도시 · 군계획시설사업에 해당한다.

② 한국토지주택공사가 도시 · 군계획시설사업의 시행자로 지정받는 경우는 사업 대상 토지 면적의 3분의 2 이상의 토지소유자의 동의 규정을 적용시킬 필요는 없다.

③ 도시 · 군계획시설사업의 시행자는 도시 · 군계획시설사업에 필요한 토지나 건축물을 수용할 수 있다.

④ 행정청인 도시 · 군계획시설사업의 시행자가 도시 · 군계획시설사업에 의하여 새로 공공시설을 설치한 경우 새로 설치된 공공시설은 그 시설을 관리할 관리청에 유상으로 귀속된다.

⑤ 도시 · 군계획시설결정의 고시일부터 20년이 지날 때까지 그 시설의 설치에 관한 도시 · 군계획시설사업이 시행되지 아니하는 경우, 그 도시 · 군계획시설결정은 그 고시일부터 20년이 되는 다음 날에 효력을 잃는다.

해설 행정청인 도시 · 군계획시설사업의 시행자가 도시 · 군계획시설사업에 의하여 새로 공공시설을 설치한 경우 새로 설치된 공공시설은 그 시설을 관리할 관리청에 무상으로 귀속된다.

답 ④

14 국토의 계획 및 이용에 관한 법령상 개발행위허가를 받은 자가 행정청인 경우 개발행위에 따른 공공시설의 귀속에 관한 설명으로 옳은 것은? (단, 다른 법률은 고려하지 않음)

▼ 제33회

① 개발행위허가를 받은 자가 새로 공공시설을 설치한 경우, 새로 설치된 공공시설은 그 시설을 관리할 관리청에 무상으로 귀속된다.

② 개발행위로 용도가 폐지되는 공공시설은 새로 설치한 공공시설의 설치비용에 상당하는 범위에서 개발행위허가를 받은 자에게 무상으로 양도할 수 있다.

③ 공공시설의 관리청이 불분명한 경우 하천에 대하여는 국토교통부장관을 관리청으로 본다.

④ 관리청에 귀속되거나 개발행위허가를 받은 자에게 양도될 공공시설은 준공검사를 받음으로써 관리청과 개발행위허가를 받은 자에게 각각 귀속되거나 양도된 것으로 본다.

⑤ 개발행위허가를 받은 자는 국토교통부장관의 허가를 받아 그에게 귀속된 공공시설의 처분으로 인한 수익금을 도시·군계획사업 외의 목적에 사용할 수 있다.

해설
② 비행정청 설명(새로 설치된 공공시설은 그 시설을 관리할 관리청에 무상으로 귀속되고, 종래의 공공시설은 개발행위허가를 받은 자에게 <u>무상으로 귀속된다.</u>)

③ 불분명한 경우에는 도로 등에 대하여는 국토교통부장관을, 하천에 대하여는 <u>환경부장관을</u> 관리청으로 보고, 그 외의 재산에 대하여는 기획재정부장관을 관리청

④ 비행정청 설명(개발행위허가를 받은 자가 행정청인 경우 개발행위허가를 받은 자는 개발행위가 끝나 준공검사를 마친 때에는 해당 시설의 관리청에 공공시설의 종류와 토지의 세목(細目)을 통지하여야 한다. 이 경우 공공시설은 그 통지한 날에 해당 시설을 관리할 관리청과 개발행위허가를 받은 자에게 각각 <u>귀속된 것으로 본다.</u>)

⑤ 개발행위허가를 받은 자가 행정청인 경우 개발행위허가를 받은 자는 그에게 귀속된 공공시설의 처분으로 인한 수익금을 도시·군계획사업 <u>외의 목적에 사용하여서는 아니 된다.</u>

🖐 답 ①

01 국토의 계획 및 이용에 관한 법령상 개발행위에 따른 기반시설의 설치에 관한 설명으로 옳은 것은? (단, 조례는 고려하지 않음) ▼ 제32회

① 시장 또는 군수가 개발밀도관리구역을 변경하는 경우 관할 지방도시계획위원회의 심의를 거치지 않아도 된다.

② 기반시설부담구역의 지정고시일부터 2년이 되는 날까지 기반시설설치계획을 수립하지 아니하면 그 2년이 되는 날에 기반시설부담구역의 지정은 해제된 것으로 본다.

③ 시장 또는 군수는 기반시설설치비용 납부의무자가 지방 자치단체로부터 건축허가를 받은 날부터 3개월 이내에 기반시설설치비용을 부과하여야 한다.

④ 시장 또는 군수는 개발밀도관리구역에서는 해당 용도지역에 적용되는 용적률의 최대한도의 50퍼센트 범위에서 용적률을 강화하여 적용한다.

⑤ 기반시설설치비용 납부의무자는 사용승인 신청 후 7일까지 그 비용을 내야 한다.

해설
① 특별시장 · 광역시장 · 특별자치시장 · 특별자치도지사 · 시장 또는 군수는 개발밀도관리구역을 지정하거나 변경하려면 주민의견청취는 필요 없으나 지방자치단체에 설치된 지방도시계획위원회의 심의를 거쳐야 한다.
② 기반시설부담구역의 지정고시일부터 1년이 되는 날까지 기반시설설치계획을 수립하지 아니하면 그 1년이 되는 날에 기반시설부담구역의 지정은 해제된 것으로 본다.
③ 특별시장 · 광역시장 · 특별자치시장 · 특별자치도지사 · 시장 또는 군수는 납부의무자가 국가나 지방자치단체로부터 건축허가를 받은 날부터 2개월 이내에 기반시설설치비용을 부과하여야 한다.
⑤ 납부의무자는 사용승인 신청 시까지 이를 내야 한다.

정답 ④

02 국토의 계획 및 이용에 관한 법령상 시장 또는 군수가 주민의 의견을 들어야 하는 경우로 명시되어 있지 **않은** 것은? (단, 국토교통부장관이 따로 정하는 경우는 고려하지 않음) ▼ 제30회

① 광역도시계획을 수립하려는 경우
② 성장관리계획구역을 지정하려는 경우
③ 시범도시사업계획을 수립하려는 경우
④ 기반시설부담구역을 지정하려는 경우
⑤ 개발밀도관리구역을 지정하려는 경우

해설 개발밀도관리구역을 지정하려는 경우에는 주민의견청취가 필요 없다.

정답 ⑤

03 국토의 계획 및 이용에 관한 법령상 개발밀도관리구역에 관한 설명으로 **틀린** 것은?

제34회

① 도시·군계획시설사업의 시행자인 시장 또는 군수는 개발밀도관리구역에 관한 기초 조사를 하기 위하여 필요하면 타인의 토지에 출입할 수 있다.

② 개발밀도관리구역의 지정기준, 개발밀도관리구역의 관리 등에 관하여 필요한 사항 은 대통령령으로 정하는 바에 따라 국토교통부장관이 정한다.

③ 개발밀도관리구역에서는 해당 용도지역에 적용되는 용적률의 최대한도의 50퍼센트 범위에서 용적률을 강화하여 적용한다.

④ 시장 또는 군수는 개발밀도관리구역을 지정하거나 변경하려면 해당 지방자치단체에 설치된 지방도시계획위원회의 심의를 거쳐야 한다.

⑤ 기반시설을 설치하거나 그에 필요한 용지를 확보하게 하기 위하여 개발밀도관리구 역에 기반시설부담구역을 지정할 수 있다.

해설 기반시설부담구역이란 <u>개발밀도관리구역 외의 지역</u>(서로 중복안됨)

답 ⑤

04 국토의 계획 및 이용에 관한 법령상 개발밀도관리구역에 관한 설명으로 **틀린** 것은?

제35회

① 개발밀도관리구역의 변경고시는 당해 지방자치단체의 공보에 게재하는 방법에 의한다.

② 개발밀도관리구역으로 지정될 수 있는 지역에 농림지역은 포함되지 않는다.

③ 개발밀도관리구역의 지정은 해당 지방자치단체에 설치된 지방도시계획위원회의 심 의대상이다.

④ 개발밀도관리구역에서는 해당 용도지역에 적용되는 건폐율의 최대한도의 50퍼센트 범위에서 건폐율을 강화하여 적용한다.

⑤ 개발밀도관리구역은 기반시설부담구역으로 지정될 수 없다.

해설 개발밀도관리구역에서는 해당 용도지역에 적용되는 <u>용적률의 최대한도의 50퍼센트 범위</u>에서 건폐율을 강화하여 적용한다.

답 ④

05 국토의 계획 및 이용에 관한 법령상 광역시의 기반시설부담구역에 관한 설명으로 **틀린** 것은?   제25, 30회

① 기반시설부담구역이 지정되면 광역시장은 대통령령으로 정하는 바에 따라 기반시설 설치계획을 수립하여야 하며, 이를 도시·군관리계획에 반영하여야 한다.

② 기반시설부담구역의 지정은 해당 광역시에 설치된 지방도시계획위원회의 심의대상 이다.

③ 광역시장은 「국토의 계획 및 이용에 관한 법률」의 개정으로 인하여 행위 제한이 완화되는 지역에 대하여는 이를 기반시설부담구역으로 지정할 수 없다.

④ 지구단위계획을 수립한 경우에는 기반시설설치계획을 수립한 것으로 본다.

⑤ 기반시설부담구역의 지정고시일부터 1년이 되는 날까지 광역시장이 기반시설설치 계획을 수립하지 아니하면 그 1년이 되는 날의 다음날에 기반시설부담구역의 지정 은 해제된 것으로 본다.

해설 광역시장은 「국토의 계획 및 이용에 관한 법률」의 개정으로 인하여 행위 제한이 완화되는 지역에 대하여 는 이를 기반시설부담구역으로 지정하여야 한다.

답 ③

06 국토의 계획 및 이용에 관한 법령상 기반시설부담구역에 관한 설명으로 **틀린** 것은?
제27회

① 법령의 개정으로 인하여 행위제한이 완화되는 지역에 대해서는 기반시설부담구역으 로 지정하여야 한다.

② 녹지와 폐기물처리시설은 기반시설부담구역에 설치가 필요한 기반시설에 해당한다.

③ 동일한 지역에 대해 기반시설부담구역과 개발밀도관리구역을 중복하여 지정할 수 있다.

④ 기반시설부담구역 내에서 주택법에 다른 리모델링을 하는 건축물은 기반시설 설치 비용의 부과대상이 아니다.

⑤ 기존 건축물을 철거하고 신축하는 건축행위가 기반시설 설치비용의 부과대상이 되 는 경우에는 기존 건축물의 건축연면적을 초과하는 건축행위만 부과대상으로 한다.

해설 동일한 지역에 대해 기반시설부담구역과 개발밀도관리구역을 중복하여 지정할 수 없다.

답 ③

07 국토의 계획 및 이용에 관한 법령상 기반시설부담구역 등에 관한 설명으로 옳은 것은?

⌄ 제25, 26회

① 기반시설부담구역은 개발밀도관리구역과 중첩하여 지정될 수 있다.
② 「고등교육법」에 따른 대학은 기반시설부담구역에 설치가 필요한 기반시설에 해당한다.
③ 기반시설설치비용은 현금 납부를 원칙으로 하되, 부과대상 토지 및 이와 비슷한 토지로 하는 납부를 인정할 수 있다.
④ 기반시설부담구역으로 지정된 지역에 대해 개발행위허가를 제한하였다가 이를 연장하기 위해서는 중앙도시계획위원회의 심의를 거쳐야 한다.
⑤ 기반시설부담구역의 지정고시일부터 2년이 되는 날까지 기반시설설치계획을 수립하지 아니하면 그 2년이 되는 날의 다음날에 구역의 지정은 해제된 것으로 본다.

해설
① 기반시설부담구역은 개발밀도관리구역과 중첩하여 지정될 수 없다.
② 「고등교육법」에 따른 대학은 기반시설부담구역에 설치가 필요한 기반시설에서 제외한다.
④ 기반시설부담구역으로 지정된 지역에 대해서는 지방도시계획위원회의 심의를 거쳐야 한다.
⑤ 기반시설부담구역의 지정고시일부터 1년이 되는 날까지 기반시설설치계획을 수립하지 아니하면 그 1년이 되는 날의 다음날에 구역의 지정은 해제된 것으로 본다.

정답 ③

08 국토의 계획 및 이용에 관한 법률 조문의 일부이다. ( )에 들어갈 숫자로 옳은 것은?

⌄ 제31회

> 제68조(기반시설설치비용의 부과대상 및 산정기준)
> ① 기반시설부담구역에서 기반시설설치비용의 부과대상인 건축행위는 ( )제곱미터(기존 건축물의 연면적을 포함한다)를 초과하는 건축물의 신축 · 증축 행위로 한다.

① 100
② 200
③ 300
④ 400
⑤ 500

해설 기반시설부담구역에서 기반시설설치비용의 부과대상인 건축행위는 (200)제곱미터(기존 건축물의 연면적을 포함한다)를 초과하는 건축물의 신축 · 증축 행위로 한다.

정답 ②

---

09 국토의 계획 및 이용에 관한 법령상 기반시설부담구역에 관한 설명으로 옳은 것은? ▼ 제35회

① 공원의 이용을 위하여 필요한 편의시설은 기반시설부담구역에 설치가 필요한 기반시설에 해당하지 않는다.

② 기반시설부담구역에서 기존 건축물을 철거하고 신축하는 경우에는 기존 건축물의 건축연면적을 포함하는 건축행위를 기반시설설치비용의 부과대상으로 한다.

③ 지구단위계획을 수립한 경우에는 기반시설설치계획을 수립한 것으로 본다.

④ 기반시설부담구역 내에서 신축된 「건축법 시행령」상의 종교집회장은 기반시설설치비용의 부과대상이다.

⑤ 기반시설부담구역으로 지정된 지역에 대해서는 개발행위허가의 제한을 연장할 수 없다.

해설

① 공원의 이용을 위하여 필요한 편의시설은 기반시설부담구역에 설치가 필요한 기반시설에 해당한다.

② 기반시설부담구역에서 기존 건축물을 철거하고 신축하는 경우에는 기존 건축물의 연면적을 초과하는 건축행위만 부과대상으로 한다.

④ 기반시설부담구역 내에서 신축된 「건축법 시행령」상의 종교집회장에서 건축행위가 200㎡(기존 건축물의 연면적 포함)를 초과하는 건축물의 신축·증축 행위인 경우 기반시설설치비용의 부과대상이 된다.

⑤ 기반시설부담구역으로 지정된 지역에 대해서는 개발행위허가의 제한을 연장할 수 있다.

답 ③

10 국토의 계획 및 이용에 관한 법령상 개발밀도관리구역 및 기반시설부담구역에 관한 설명으로 옳은 것은? ▼ 제29회

① 개발밀도관리구역에서는 당해 용도지역에 적용되는 건폐율 또는 용적률을 강화 또는 완화하여 적용할 수 있다.

② 군수가 개발밀도관리구역을 지정하려면 지방도시계획위원회의 심의를 거쳐 도지사의 승인을 받아야 한다.

③ 주거·상업지역에서의 개발행위로 기반시설의 수용능력이 부족할 것으로 예상되는 지역 중 기반시설의 설치가 곤란한 지역은 기반시설부담구역으로 지정할 수 있다.

④ 시장은 기반시설부담구역을 지정하면 기반시설설치계획을 수립하여야 하며, 이를 도시·군관리계획에 반영하여야 한다.

⑤ 기반시설부담구역에서 개발행위를 허가받고자 하는 자에게는 기반시설설치비용을 부과하여야 한다.

해설

① 개발밀도관리구역에서는 당해 용도지역에 적용되는 건폐율 또는 용적률을 강화(완화×)하여 적용할 수 있다.

② 군수가 개발밀도관리구역을 지정하려면 지방도시계획위원회의 심의(도지사의 승인×)

③ 주거·상업지역에서의 개발행위로 기반시설의 수용능력이 부족할 것으로 예상되는 지역 중 기반시설의 설치가 곤란한 지역은 개발밀도관리구역으로 지정할 수 있다.

⑤ 기반시설부담구역에서 기반시설설치비용의 부과대상인 건축행위를 하는 자는 기반시설설치비용을 내야 한다.

답 ④

11 국토의 계획 및 이용에 관한 법령상 개발행위에 따른 기반시설의 설치에 관한 설명으로 **틀린** 것은? (단, 조례는 고려하지 않음) ￬ 제33회

① 개발밀도관리구역에서는 해당 용도지역에 적용되는 용적률의 최대한도의 50퍼센트 범위에서 강화하여 적용한다.

② 기반시설의 설치가 필요하다고 인정하는 지역으로서, 해당 지역의 전년도 개발행위 허가 건수가 전전년도 개발행위허가 건수보다 20퍼센트 이상 증가한 지역에 대하여 는 기반시설부담구역으로 지정하여야 한다.

③ 기반시설부담구역이 지정되면 기반시설설치계획을 수립하여야 하며, 이를 도시·군 관리계획에 반영하여야 한다.

④ 기반시설설치계획은 기반시설부담구역의 지정고시일부터 3년이 되는 날까지 수립 하여야 한다.

⑤ 기반시설설치비용의 관리 및 운용을 위하여 기반시설부담구역별로 특별회계를 설치 하여야 한다.

해설 기반시설부담구역의 지정·고시일부터 1년이 되는 날까지 기반시설설치계획을 수립하지 아니하면 그 1년이 되는 날의 다음날에 기반시설부담구역의 지정은 해제된 것으로 본다.

답 ④

12 국토의 계획 및 이용에 관한 법령상 기반시설부담구역에서의 기반시설설치비용에 관한 설명으로 **틀린** 것은? ￬ 제28회

① 기반시설설치비용 산정시 기반시설을 설치하는 데 필요한 용지비용도 산입된다.

② 기반시설설치비용 납부시 물납이 인정될 수 있다.

③ 기반시설설치비용의 관리 및 운용을 위하여 기반시설부담구역별로 특별회계가 설치 되어야 한다.

④ 의료시설과 교육연구시설의 기반시설유발계수는 같다.

⑤ 기반시설설치비용을 부과받은 납부의무자는 납부기일의 연기 또는 분할납부가 인정 되지 않는 한 사용승인(준공검사 등 사용승인이 의제되는 경우에는 그 준공검사) 신 청 시까지 기반시설설치비용을 내야 한다.

해설 의료시설(0.9)과 교육연구시설(0.7)이므로 기반시설유발계수 서로 다르다.

답 ④

13 국토의 계획 및 이용에 관한 법령상 청문을 하여야 하는 경우를 모두 고른 것은? (단, 다른 법령에 따른 청문은 고려하지 않음) ☛ 제31회

> ㄱ. 개발행위허가의 취소
> ㄴ. 국토의 계획 및 이용에 관한 법률 제63조에 따른 개발행위허가의 제한
> ㄷ. 실시계획인가의 취소

① ㄱ
② ㄴ
③ ㄱ, ㄴ
④ ㄱ, ㄷ
⑤ ㄴ, ㄷ

해설 청문을 하여야 하는 경우로는 개발행위허가의 취소, 도시·군계획시설사업의 시행자 지정의 취소, 실시계획인가의 취소 3가지가 있다.

답 ④

14 국토의 계획 및 이용에 관한 법령상 도시계획위원회에 관한 설명으로 옳은 것은? ☛ 제33회

① 시·군·구에는 지방도시계획위원회를 두지 않는다.
② 중앙도시계획위원회가 분과위원회에 위임하는 사항에 대한 모든 심의는 중앙도시계획위원회의 심의로 본다.
③ 국토교통부장관이 해당 도시·군계획시설에 대한 도시·군관리계획 결정권자에게 도시·군계획시설결정의 해제를 권고하려는 경우에는 중앙도시계획위원회의 심의를 거쳐야 한다.
④ 중앙도시계획위원회 회의록의 공개는 열람하는 방법으로 하며 사본을 제공할 수는 없다.
⑤ 시장 또는 군수가 성장관리계획구역을 지정하려면 시·도지사의 의견을 들은 후 중앙도시계획위원회의 심의를 거쳐야 한다.

해설
① 시·군·구도시계획위원회를 둔다.
② 분과위원회의 심의는 중앙도시계획위원회의 심의로 본다. 다만, 중앙도시계획위원회에서 위임하는 사항의 경우에는 중앙도시계획위원회가 분과위원회의 심의를 중앙도시계획위원회의 심의로 보도록 하는 경우만 해당한다(모든 심의×).
④ 회의록은 1년의 범위에서 대통령령으로 정하는 기간이 지난 후에는 공개 요청이 있는 경우 대통령령으로 정하는 바에 따라 공개하여야 한다.
⑤ 시장 또는 군수는 지방도시계획위원회의 심의를 거쳐야 한다.

답 ③

15 국토의 계획 및 이용에 관한 법령상 시·군·구도시계획위원회의 업무를 모두 고른 것은?

제34회

> ㄱ. 도시·군관리계획과 관련하여 시장·군수 또는 구청장이 자문하는 사항에 대한 조언
> ㄴ. 시범도시사업계획의 수립에 관하여 시장·군수·구청장이 자문하는 사항에 대한 조언
> ㄷ. 시장 또는 군수가 결정하는 도시·군관리계획의 심의

① ㄱ   ② ㄷ
③ ㄱ, ㄴ   ④ ㄴ, ㄷ
⑤ ㄱ, ㄴ, ㄷ

해설 모두해당(법 제113조, 시행령 제110조)

답 ⑤

박문각 공인중개사

건축법

용어정의 & 건축행위 등

01 건축법령상 '주요구조부'에 해당하지 않는 것만을 모두 고른 것은? ▼ 제27회

> ㄱ. 지붕틀　　　　　　　　　　ㄴ. 주계단
> ㄷ. 사이 기둥　　　　　　　　　ㄹ. 최하층 바닥

① ㄴ　　　　　　　　　　　　　② ㄱ, ㄷ
③ ㄷ, ㄹ　　　　　　　　　　　　④ ㄱ, ㄴ, ㄹ
⑤ ㄱ, ㄴ, ㄷ, ㄹ

해설 주요구조부 − 내력벽, 기둥, 바닥, 보, 지붕틀 및 주계단(다만, 사이 기둥, 최하층 바닥, 작은 보, 차양, 옥외 계단, 그 밖에 이와 유사한 것으로 건축물의 구조상 중요하지 아니한 부분은 제외)

답 ③

02 건축법령상 다중이용 건축물에 해당하는 용도가 아닌 것은? (단, 16층 이상의 건축물은 제외하고, 해당 용도로 쓰는 바닥면적의 합계는 5천 제곱미터 이상임) ▼ 제29회
① 관광 휴게시설
② 판매시설
③ 운수시설 중 여객용 시설
④ 종교시설
⑤ 의료시설 중 종합병원

해설 용도로 쓰는 바닥면적의 합계가 5천m² 이상인 건축물로써 문화 및 집회시설(동물원 및 식물원은 제외), 종교시설, 판매시설, 운수시설 중 여객용 시설, 의료시설 중 종합병원, 숙박시설 중 관광숙박시설은 다중이용 건축물에 해당한다.[단, 바닥면적의 합계가 5천m² 이상일지라도 교육연구시설, 장례시설, 위락시설, 관광·휴게시설, 노유자시설, 운동시설 − 준다중이용건축물]

답 ①

03 건축법령상 다중이용 건축물에 해당하는 것은? (단, 불특정한 다수의 사람들이 이용하는 건축물을 전제로 함)   ⌄ 제26회 수정

① 종교시설로 사용하는 바닥면적의 합계가 4천 제곱미터인 5층의 성당
② 장례시설로 사용하는 바닥면적의 합계가 5천 제곱미터인 10층의 장례식장
③ 숙박시설로 사용하는 바닥면적의 합계가 4천 제곱미터인 16층의 관광호텔
④ 교육연구시설로 사용하는 바닥면적의 합계가 5천 제곱미터인 15층의 연구소
⑤ 문화 및 집회시설로 사용하는 바닥면적의 합계가 5천 제곱미터인 2층의 동물원

해설 16층 이상의 건축물은 면적과 용도와 상관없이 무조건 다중이용 건축물에 해당한다.

답 ③

04 건축법령상 특수구조 건축물의 특례에 관한 설명으로 옳은 것은? (단, 건축법령상 다른 특례 및 조례는 고려하지 않음)   ⌄ 제32회

① 건축 공사현장 안전관리 예치금에 관한 규정을 강화하여 적용할 수 있다.
② 대지의 조경에 관한 규정을 변경하여 적용할 수 있다.
③ 한쪽 끝은 고정되고 다른 끝은 지지되지 아니한 구조로 된 차양이 외벽(외벽이 없는 경우에는 외곽 기둥을 말함)의 중심선으로부터 3미터 이상 돌출된 건축물은 특수구조 건축물에 해당한다.
④ 기둥과 기둥 사이의 거리(기둥의 중심선 사이의 거리를 말함)가 15미터인 건축물은 특수구조 건축물로서 건축물 내진등급의 설정에 관한 규정을 강화하여 적용할 수 있다.
⑤ 특수구조 건축물을 건축하려는 건축주는 건축허가 신청 전에 허가권자에게 해당 건축물의 구조 안전에 관하여 지방건축위원회의 심의를 신청하여야 한다.

해설
①② 적용규정 없음
④ 기둥과 기둥 사이의 거리(기둥의 중심선 사이의 거리를 말함)가 20미터 이상인 건축물은 특수구조 건축물로서 건축물 내진등급의 설정에 관한 규정을 강화하여 적용할 수 있다.
⑤ 특수구조 건축물을 건축하려는 건축주는 착공신고 전에 허가권자에게 해당 건축물의 구조 안전에 관하여 지방건축위원회의 심의를 신청하여야 한다.

답 ③

05 건축법령상 용어에 관한 설명으로 **틀린** 것은?　　　　　　　　▼ 제28회

① 내력벽을 수선하더라도 수선되는 벽면적의 합계가 30m² 미만인 경우는 "대수선"에 포함되지 않는다.
② 지하의 공작물에 설치하는 점포는 "건축물"에 해당하지 않는다.
③ 구조 계산서와 시방서는 "설계도서"에 해당한다.
④ '막다른 도로'의 구조와 너비는 '막다른 도로'가 "도로"에 해당하는지 여부를 판단하는 기준이 된다.
⑤ "고층건축물"이란 층수가 30층 이상이거나 높이가 120m 이상인 건축물을 말한다.

해설 건축물이란 토지에 정착하는 공작물 중 지붕과 기둥 또는 벽이 있는 것과 이에 딸린 시설물, 지하나 고가의 공작물에 설치하는 사무소·공연장·점포·차고·창고, 그밖에 대통령령으로 정하는 것을 말한다.

답 ②

06 건축법령상 건축법이 모두 적용되지 않는 건축물이 **아닌** 것은?　　　　▼ 제26, 28회

① 「문화유산의 보존 및 활용에 관한 법률」에 따른 지정문화유산인 건축물
② 철도의 선로 부지에 있는 철도 선로의 위나 아래를 가로지르는 보행시설
③ 고속도로 통행료 징수시설
④ 지역자치센터
⑤ 컨테이너를 이용한 간이창고

해설 「건축법」을 적용하지 않는 경우
㉮ 「문화유산의 보존 및 활용에 관한 법률」에 따른 지정문화유산이나 임시지정문화유산 또는 「자연유산의 보존 및 활용에 관한 법률」에 따라 지정된 천연기념물 등이나 임시지정천연기념물, 임시지정명승, 임시지정시·도자연유산
㉯ 철도나 궤도의 선로 부지에 있는 다음의 시설
　ⓐ 운전보안시설
　ⓑ 철도 선로의 위나 아래를 가로지르는 보행시설
　ⓒ 플랫폼
　ⓓ 해당 철도 또는 궤도사업용 급수·급탄 및 급유시설
㉰ 고속도로 통행료 징수시설
㉱ 컨테이너를 이용한 간이창고(「산업집적활성화 및 공장설립에 관한 법률」에 따른 공장의 대지에 설치하는 것으로서 이동이 쉬운 것만 해당)
㉲ 「하천법」에 따른 하천구역 내의 수문조작실

답 ④

07 건축법령상 철도의 선로 부지(敷地)에 있는 시설로서 「건축법」의 적용을 받지 않는 건축물만을 모두 고른 것은? (단, 건축법령 이외의 특례는 고려하지 않음) ▼ 제30회

> ㄱ. 플랫폼
> ㄴ. 운전보안시설
> ㄷ. 철도 선로의 아래를 가로지르는 보행시설
> ㄹ. 해당 철도사업용 급수(給水)·급탄(給炭) 및 급유(給油) 시설

① ㄱ, ㄴ, ㄷ ② ㄱ, ㄴ, ㄹ
③ ㄱ, ㄷ, ㄹ ④ ㄴ, ㄷ, ㄹ
⑤ ㄱ, ㄴ, ㄷ, ㄹ

해설 철도나 궤도의 선로 부지에 있는 다음의 시설
㉮ 운전보안시설
㉯ 철도 선로의 위나 아래를 가로지르는 보행시설
㉰ 플랫폼
㉱ 해당 철도 또는 궤도사업용 급수·급탄 및 급유시설

답 ⑤

08 건축법령상 특별자치시장·특별자치도지사 또는 시장·군수·구청장에게 신고하고 축조하여야 하는 공작물에 해당하는 것은? (단, 건축물과 분리하여 축조하는 경우이며, 공용건물에 대한 특례는 고려하지 않음) ▼ 제27회

① 높이 5m의 굴뚝
② 높이 7m의 고가수조(高架水槽)
③ 높이 3m의 광고탑
④ 높이 3m의 담장
⑤ 바닥면적 25m²의 지하대피호

해설
④ 높이 2m를 넘는 옹벽 또는 담장
① 높이 6m를 넘는 굴뚝, 골프연습장 등의 운동시설을 위한 철탑, 주거지역·상업지역에 설치하는 통신용 철탑
② 높이 8m를 넘는 고가수조
③ 높이 4m를 넘는 광고탑, 광고판, 장식탑, 기념탑, 첨탑
⑤ 바닥면적 30m²를 넘는 지하대피호

답 ④

09   건축법령상 대지를 조성하기 위하여 건축물과 분리하여 공작물을 축조하려는 경우, 특별
      자치시장·특별자치도지사 또는 시장·군수·구청장에게 신고하여야 하는 공작물에 해
      당하지 <u>않은</u> 것은? (단, 공용건축물에 대한 특례는 고려하지 않음)   ☛ 제30회
      ① 상업지역에 설치하는 높이 8미터의 통신용 철탑
      ② 높이 4미터의 옹벽
      ③ 높이 8미터의 굴뚝
      ④ 바닥면적 40제곱미터의 지하대피호
      ⑤ 높이 3미터의 장식탑

      해설 <u>높이 4m를 넘는</u> 광고탑, 광고판, <u>장식탑</u>, 기념탑, 첨탑

      답 ⑤

10   甲은 A광역시 B구에서 20층 연면적 합계가 5만 제곱미터인 허가대상 건축물을 신축하려
      고 한다. 건축법령상 이에 관한 설명으로 <u>틀린</u> 것은? (단, 건축법령상 특례규정은 고려하
      지 않음)   ☛ 제31회
      ① 甲은 B구청장에게 건축허가를 받아야 한다.
      ② 甲이 건축허가를 받은 경우에도 해당 대지를 조성하기 위해 높이 5미터의 옹벽을 축
        조하려면 따로 공작물 축조신고를 하여야 한다.
      ③ 甲이 건축허가를 받은 이후에 공사시공자를 변경하는 경우에는 B구청장에게 신고하
        여야 한다.
      ④ 甲이 건축허가를 받은 경우에도 A광역시장은 지역계획에 특히 필요하다고 인정하면
        甲의 건축물 착공을 제한할 수 있다.
      ⑤ 공사감리자는 필요하다고 인정하면 공사시공자에게 상세시공도면을 작성하도록 요
        청할 수 있다.

      해설 공작물을 축조(건축물과 분리하여 축조하는 것을 말함)하려는 자는 특별자치시장·특별자치도지사 또는
      시장·군수·구청장에게 신고하여야 한다.

      답 ②

11   **건축법령상 '건축'에 해당하는 것을 모두 고른 것은?**   ⌄ 제25회

> ㄱ. 건축물이 없던 나대지에 새로 건축물을 축조하는 것
> ㄴ. 기존 5층의 건축물이 있는 대지에서 건축물의 층수를 7층으로 늘리는 것
> ㄷ. 태풍으로 멸실된 건축물을 그 대지에 종전과 같은 규모의 범위에서 다시 축조하는 것
> ㄹ. 건축물의 주요구조부를 해체하지 아니하고 같은 대지에서 옆으로 5미터 옮기는 것

① ㄱ, ㄴ   ② ㄷ, ㄹ
③ ㄱ, ㄴ, ㄷ   ④ ㄴ, ㄷ, ㄹ
⑤ ㄱ, ㄴ, ㄷ, ㄹ

해설
ㄱ. 신축   ㄴ. 증축   ㄷ. 재축   ㄹ. 이전

답 ⑤

12   **건축법령상 건축물의 "대수선"에 해당하지 않는 것은?** (단, 건축물의 증축·개축 또는 재축에 해당하지 않음)   ⌄ 제35회

① 보를 두 개 변경하는 것
② 기둥을 세 개 수선하는 것
③ 내력벽의 벽면적을 30제곱미터 수선하는 것
④ 특별피난계단을 변경하는 것
⑤ 다세대주택의 세대 간 경계벽을 증설하는 것

해설 보를 <u>세 개</u> 변경하는 것

답 ①

13 **건축법령상 용어에 관한 설명으로 옳은 것은?** ∀ 제31회

① 건축물을 이전하는 것은 건축에 해당한다.

② 고층건축물에 해당하려면 건축물의 층수가 30층 이상이고 높이가 120미터 이상이어야 한다.

③ 건축물이 천재지변으로 멸실된 경우 그 대지에 종전 규모보다 연면적의 합계를 늘려 건축물을 다시 축조하는 것은 재축에 해당한다.

④ 건축물의 내력벽을 해체하여 같은 대지의 다른 위치로 옮기는 것은 이전에 해당한다.

⑤ 기존 건축물이 있는 대지에서 건축물의 내력벽을 증설하여 건축면적을 늘리는 것은 대수선에 해당한다.

해설

② 고층건축물에 해당하려면 건축물의 층수가 30층 이상 <u>이거나</u> 높이가 120미터 이상이어야 한다.

③ 건축물이 천재지변으로 멸실된 경우 그 대지에 종전 규모보다 연면적의 합계를 늘려 건축물을 다시 축조하는 것은 <u>신축</u>에 해당한다.

④ 건축물의 내력벽을 <u>해체하지 않고</u> 같은 대지의 다른 위치로 옮기는 것은 이전에 해당한다.

⑤ 기존 건축물이 있는 대지에서 건축물의 내력벽을 증설하여 건축면적을 늘리는 것은 <u>증축</u>에 해당한다.

답 ①

용도변경

01 건축법령상 사용승인을 받은 건축물의 용도변경이 신고대상인 경우만을 모두 고른 것은?

▼ 제25회

	용도변경 전	용도변경 후
ㄱ.	판매시설	창고시설
ㄴ.	숙박시설	위락시설
ㄷ.	장례식장	종교시설
ㄹ.	의료시설	교육연구시설
ㅁ.	제1종 근린생활시설	업무시설

① ㄱ, ㄴ　　　　　　　　　　　② ㄱ, ㄷ

③ ㄴ, ㄹ　　　　　　　　　　　④ ㄷ, ㅁ

⑤ ㄹ, ㅁ

해설

ㄷ. 산업 등의 시설군 → 문화 및 집회시설군

ㅁ. 근린생활시설군 → 주거업무시설군

ㄱ. 영업시설군 → 산업 등의 시설군 : 허가

ㄴ. 영업시설군 → 문화 및 집회시설군 : 허가

ㄹ. 교육 및 복지시설군 → 교육 및 복지시설군 : 변경신청

답 ④

02 건축주인 甲은 4층 건축물을 병원으로 사용하던 중 이를 서점으로 용도변경하고자 한다. 건축법령상 이에 관한 설명으로 옳은 것은? (단, 다른 조건은 고려하지 않음) ⌄ 제29회

① 甲이 용도변경을 위하여 건축물을 대수선할 경우 그 설계는 건축사가 아니어도 할 수 있다.

② 甲은 건축물의 용도를 서점으로 변경하려면 용도변경을 신고하여야 한다.

③ 甲은 서점에 다른 용도를 추가하여 복수용도로 용도변경 신청을 할 수 없다

④ 甲의 병원이 준주거지역에 위치하고 있다면 서점으로 용도변경을 할 수 없다.

⑤ 甲은 서점으로 용도변경을 할 경우 피난 용도로 쓸 수 있는 광장을 옥상에 설치하여 야 한다.

> **해설** 甲은 병원(교육 및 복지시설군)을 서점(근린생활시설군)으로 변경하려면 용도변경을 신고하여야 한다.
> ① 허가 대상인 경우로서 용도변경하려는 부분의 <u>바닥면적의 합계가 500m² 이상인 용도변경의 설계에 관하여 는 건축사의 설계</u>를 준용한다.
> ③ 건축주는 건축물의 용도를 복수로 하여 건축허가, 건축신고 및 용도변경 허가·신고 또는 건축물대장 기재 내용의 <u>변경 신청을 할 수 있다</u>.
> ④ 병원이 준주거지역에 위치하고 있다면 서점으로 용도변경을 할 수 <u>있다</u>.
> ⑤ <u>5층 이상인 층이</u> 제2종 근린생활시설 중 공연장·종교집회장·인터넷컴퓨터게임시설제공업소(해당 용도로 쓰는 바닥면적의 합계가 각각 300m² 이상인 경우만 해당), 문화 및 집회시설(전시장 및 동·식물원은 제 외), 종교시설, 판매시설, 위락시설 중 주점영업 또는 장례시설의 용도로 쓰는 경우에는 피난 용도로 쓸 수 있는 <u>광장을 옥상에 설치하여야</u> 한다.
>
> 답 ②

03 甲은 A도 B군에서 숙박시설로 사용승인을 받은 바닥면적의 합계가 3천 제곱미터인 건축 물의 용도를 변경하려고 한다. 건축법령상 이에 관한 설명으로 틀린 것은? ⌄ 제31회

① 의료시설로 용도를 변경하려는 경우에는 용도변경 신고를 하여야 한다.

② 종교시설로 용도를 변경하려는 경우에는 용도변경 허가를 받아야 한다.

③ 甲이 바닥면적의 합계 1천 제곱미터의 부분에 대해서만 업무시설로 용도를 변경하 는 경우에는 사용승인을 받지 않아도 된다.

④ A도지사는 도시·군계획에 특히 필요하다고 인정하면 B군수의 용도변경허가를 제 한할 수 있다.

⑤ B군수는 甲이 판매시설과 위락시설의 복수 용도로 용도변경 신청을 한 경우 지방건 축위원회의 심의를 거쳐 이를 허용할 수 있다.

> **해설** 허가나 신고 대상인 경우로서 용도변경하려는 부분의 바닥면적의 합계가 100m² 이상인 경우의 사용승 인에 관하여는 건축물의 <u>사용승인을 준용</u>(甲이 바닥면적의 합계 1천 제곱미터의 부분에 대해서만 업무시설로 용도를 변경하는 경우에는 사용승인)
>
> 답 ③

04 **건축법령상 제1종 근린생활시설에 해당하는 것은?** (단, 동일한 건축물 안에서 당해 용도에 쓰이는 바닥면적의 합계는 1,000m²임) ⌄ 제33회

① 극장   ② 서점
③ 탁구장   ④ 파출소
⑤ 산후조리원

해설
① 극장(500m² 미만 : 2종 근린, 500m² 이상 : 문화 및 집회시설)
② 서점 : 2종 근린
③ 탁구장(500m² 미만 : 1종 근린, 500m² 이상 : 운동시설)
④ 파출소(1000m² 미만 : 1종 근린, 1000m² 이상 : 업무시설)

답 ⑤

건축절차

01 건축법령상 건축허가의 사전결정에 관한 설명으로 <u>틀린</u> 것은? 제28회

① 사전결정을 할 수 있는 자는 건축허가권자이다.

② 사전결정 신청사항에는 건축허가를 받기 위하여 신청자가 고려하여야 할 사항이 포함될 수 있다.

③ 사전결정의 통지로써 「국토의 계획 및 이용에 관한 법률」에 따른 개발행위허가가 의제되는경우 허가권자는 사전결정을 하기에 앞서 관계 행정기관의 장과 협의하여야 한다.

④ 사전결정신청자는 건축위원회 심의와 「도시교통정비 촉진법」에 따른 교통영향평가서의 검토를 동시에 신청할 수 있다.

⑤ 사전결정신청자는 사전결정을 통지받은 날부터 2년 이내에 착공신고를 하여야 하며, 이 기간에 착공신고를 하지 아니하면 사전결정의 효력이 상실된다.

해설 사전결정신청자는 사전결정을 통지받은 날부터 2년 이내에 <u>건축허가를 신청</u>하여야 하며, 이 기간에 <u>건축허가를 신청</u>하지 아니하면 사전결정의 효력이 상실된다.[착공신고×]

답 ⑤

02 건축법령상 건축허가 대상 건축물을 건축하려는 자가 허가권자의 사전결정통지를 받은 경우 그 허가를 받은 것으로 볼 수 있는 것만을 모두 고른 것은? ﹀제30회

> ㄱ. 「국토의 계획 및 이용에 관한 법률」 제56조에 따른 개발행위허가
> ㄴ. 「산지관리법」 제15조의2에 따른 도시지역 안의 보전산지에 대한 산지일시사용허가
> ㄷ. 「산지관리법」 제14조에 따른 농림지역 안의 보전산지에 대한 산지전용허가
> ㄹ. 「농지법」 제34조에 따른 농지전용허가

① ㄱ, ㄴ   ② ㄱ, ㄴ, ㄹ
③ ㄱ, ㄷ, ㄹ   ④ ㄴ, ㄷ, ㄹ
⑤ ㄱ, ㄴ, ㄷ, ㄹ

해설 사전결정통지를 받은 경우 그 허가를 받은 것

㉮ 「국토의 계획 및 이용에 관한 법률」에 따른 개발행위허가

㉯ 「산지관리법」에 따른 산지전용허가와 산지전용신고, 산지일시사용허가·신고. 다만, 보전산지인 경우에는 도시지역만 해당된다.

㉰ 「농지법」에 따른 농지전용허가·신고 및 협의

㉱ 「하천법」에 따른 하천점용허가

정답 ②

03 건축법령상 건축허가대상 건축물을 건축하려는 자가 건축 관련 입지와 규모의 사전결정 통지를 받은 경우에 허가를 받은 것으로 볼 수 있는 것을 모두 고른 것은? (단, 미리 관계 행정기관의 장과 사전결정에 관하여 협의한 것을 전제로 함)   ∀ 제33회

> ㄱ. 「농지법」 제34조에 따른 농지전용허가
> ㄴ. 「하천법」 제33조에 따른 하천점용허가
> ㄷ. 「국토의 계획 및 이용에 관한 법률」 제56조에 따른 개발행위허가
> ㄹ. 도시지역 외의 지역에서 「산지관리법」 제14조에 따른 보전산지에 대한 산지전용허가

① ㄱ, ㄴ   ② ㄷ, ㄹ
③ ㄱ, ㄴ, ㄷ   ④ ㄴ, ㄷ, ㄹ
⑤ ㄱ, ㄴ, ㄷ, ㄹ

해설 사전결정 통지를 받은 경우에는 다음의 허가를 받거나 신고 또는 협의를 한 것으로 본다.
㉮ 「국토의 계획 및 이용에 관한 법률」에 따른 개발행위허가
㉯ 「산지관리법」에 따른 산지전용허가와 산지전용신고, 산지일시사용허가·신고. 다만, 보전산지인 경우에는 도시지역만 해당된다.
㉰ 「농지법」에 따른 농지전용허가·신고 및 협의
㉱ 「하천법」에 따른 하천점용허가
→ ㄹ. 「산지관리법」에 따른 산지전용허가와 산지전용신고, 산지일시사용허가·신고. 다만, 보전산지인 경우에는 도시지역만 해당된다.

답 ③

04 건축법령상 건축허가를 받으려는 자가 해당 대지의 소유권을 확보하지 않아도 되는 경우만을 모두 고른 것은?   ∀ 제28회

> ㄱ. 분양을 목적으로 하는 공동주택의 건축주가 그 대지를 사용할 수 있는 권원을 확보한 경우
> ㄴ. 건축주가 집합건물의 공용부분을 변경하기 위하여 「집합건물의 소유 및 관리에 관한 법률」 제15조 제1항에 따른 결의가 있었음을 증명한 경우
> ㄷ. 건축하려는 대지에 포함된 국유지에 대하여 허가권자가 해당 토지의 관리청이 해당 토지를 건축주에게 매각할 것을 확인한 경우

① ㄱ   ② ㄴ
③ ㄱ, ㄷ   ④ ㄴ, ㄷ
⑤ ㄱ, ㄴ, ㄷ

해설 건축주가 대지의 소유권을 확보하지 못하였으나 그 대지를 사용할 수 있는 권원을 확보한 경우. 다만, 분양을 목적으로 하는 공동주택은 제외한다.

답 ④

05 건축법령상 건축허가의 제한에 관한 설명으로 **틀린** 것은?　　✕ 제26회

① 국방부장관이 국방을 위하여 특히 필요하다고 인정하여 요청하면 국토교통부장관은 허가권자의 건축허가를 제한할 수 있다.

② 교육감이 교육환경의 개선을 위하여 특히 필요하다고 인정하여 요청하면 국토교통부장관은 허가를 받은 건축물의 착공을 제한할 수 있다.

③ 특별시장은 지역계획에 특히 필요하다고 인정하면 관할 구청장의 건축허가를 제한할 수 있다.

④ 건축물의 착공을 제한하는 경우 제한기간은 2년 이내로 하되, 1회에 한하여 1년 이내의 범위에서 제한기간을 연장할 수 있다.

⑤ 도지사가 관할 군수의 건축허가를 제한한 경우, 국토교통부장관은 제한 내용이 지나치다고 인정하면 해제를 명할 수 있다.

해설 국토교통부장관은 국토관리를 위하여 특히 필요하다고 인정하거나 주무부장관이 국방, 문화재보존, 환경보전 또는 국민경제를 위하여 특히 필요하다고 인정하여 요청하면 허가권자의 건축허가나 허가를 받은 건축물의 착공을 제한할 수 있다.

답 ②

06 건축법령상 건축허가 제한에 관한 설명으로 **옳은** 것은?　　✕ 제32회

① 국방, 국가유산의 보존 또는 국민경제를 위하여 특히 필요한 경우 주무부장관은 허가권자의 건축허가를 제한할 수 있다.

② 지역계획을 위하여 특히 필요한 경우 도지사는 특별자치시장의 건축허가를 제한할 수 있다.

③ 건축허가를 제한하는 경우 건축허가 제한기간은 2년 이내로 하며, 1회에 한하여 1년 이내의 범위에서 제한기간을 연장할 수 있다.

④ 시·도지사가 건축허가를 제한하는 경우에는 「토지이용규제 기본법」에 따라 주민의견을 청취하거나 건축위원회의 심의를 거쳐야 한다.

⑤ 국토교통부장관은 건축허가를 제한하는 경우 제한 목적·기간, 대상 건축물의 용도와 대상 구역의 위치·면적·경계를 지체 없이 공고하여야 한다.

해설
① 국토교통부장관은 국토관리를 위하여 특히 필요하다고 인정하거나 주무부장관이 국방, 국가유산의 보존, 환경보전 또는 국민경제를 위하여 특히 필요하다고 인정하여 요청하면 허가권자의 건축허가나 허가를 받은 건축물의 착공을 제한할 수 있다.

② 지역계획이나 도시·군계획에 특히 필요하다고 인정하면 시장·군수·구청장의 건축허가나 허가를 받은 건축물의 착공을 제한할 수 있다.

④ 시·도지사가 건축허가를 제한하는 경우에는 「토지이용규제 기본법」에 따라 주민의견을 <u>청취한 후</u> 건축위원회의 심의를 거쳐야 한다.

⑤ 국토교통부장관이나 특별시장·광역시장·도지사는 건축허가나 건축물의 착공을 제한하는 경우 제한 목적·기간, 대상 건축물의 용도와 대상 구역의 위치·면적·경계 등을 상세하게 정하여 <u>허가권자에게 통보</u>하여야 하며, <u>통보를 받은 허가권자는 지체 없이 이를 공고</u>하여야 한다.

📖 ③

07 건축법령상 건축허가 제한 등에 관한 설명으로 옳은 것은?　　　⌄ 제35회

① 도지사는 지역계획에 특히 필요하다고 인정하더라도 허가 받은 건축물의 착공을 제한할 수 없다.

② 시장·군수·구청장이 건축허가를 제한하려는 경우에는 주민의견을 청취한 후 도시계획위원회의 심의를 거쳐야 한다.

③ 건축허가를 제한하는 경우 제한기간은 2년 이내로 하며, 1회에 한하여 1년 이내의 범위에서 제한기간을 연장할 수 있다.

④ 건축허가를 제한하는 경우 국토교통부장관은 제한 목적·기간 등을 상세하게 정하여 지체 없이 공고하여야 한다.

⑤ 건축허가를 제한한 경우 허가권자는 즉시 국토교통부장관에게 보고하여야 하며, 보고를 받은 국토교통부장관은 제한 내용이 지나치다고 인정하면 직권으로 이를 해제하여야 한다.

해설

① 도지사는 지역계획에 특히 필요하다고 인정하더라도 허가 받은 건축물의 착공을 제한할 수 <u>있다</u>.

② 시장·군수·구청장이 건축허가를 제한하려는 경우에는 주민의견을 청취한 후 <u>건축위원회</u>의 심의를 거쳐야 한다.

④ 국토교통부장관이나 특별시장·광역시장·도지사는 건축허가나 건축물의 착공을 제한하는 경우 제한 목적·기간, 대상 건축물의 용도와 대상 구역의 위치·면적·경계 등을 상세하게 정하여 허가권자에게 <u>통보</u>하여야 하며, <u>통보를 받은 허가권자는 지체 없이 이를 공고</u>하여야 한다.

⑤ 특별시장·광역시장·도지사는 즉시 국토교통부장관에게 보고하여야 하며, 보고를 받은 국토교통부장관은 제한 내용이 지나치다고 인정하면 <u>해제를 명할 수 있다</u>.

📖 ③

08 건축법령상 건축신고를 하면 건축허가를 받은 것으로 볼 수 있는 경우에 해당하지 <u>않은</u> 것은?   ▼ 제29회

① 연면적 150제곱미터인 3층 건축물의 피난계단 증설
② 연면적 180제곱미터인 2층 건축물의 대수선
③ 연면적 270제곱미터인 3층 건축물의 방화벽 수선
④ 1층의 바닥면적 50제곱미터, 2층의 바닥면적 30제곱미터인 2층 건축물의 신축
⑤ 바닥면적 100제곱미터인 단층 건축물의 신축

해설 연면적이 <u>200m² 미만</u>이고 <u>3층 미만(3층×)</u>인 건축물의 건축물의 피난계단 증설(대수선)

답 ①

09 건축주 甲은 A도 B시에서 연면적이 100제곱미터이고 2층인 건축물을 대수선하고자 「건축법」 제14조에 따른 신고(이하 "건축신고")를 하려고 한다. 건축법령상 이에 관한 설명으로 옳은 것은? (단, 건축법령상 특례 및 조례는 고려하지 않음)   ▼ 제32회

① 甲이 대수선을 하기 전에 B시장에게 건축신고를 하면 건축허가를 받은 것으로 본다.
② 건축신고를 한 甲이 공사시공자를 변경하려면 B시장에게 허가를 받아야 한다.
③ B시장은 건축신고의 수리 전에 건축물 안전영향평가를 실시하여야 한다.
④ 건축신고를 한 甲이 신고일부터 6개월 이내에 공사에 착수하지 아니하면 그 신고의 효력은 없어진다.
⑤ 건축신고를 한 甲은 건축물의 공사가 끝난 후 사용승인 신청 없이 건축물을 사용할 수 있다.

해설
② 건축신고를 한 甲이 공사시공자를 변경하려면 B시장에게 <u>신고를 하여야 한다</u>.
③ B시장은 건축신고의 수리 전에 건축물 안전영향평가를 <u>실시대상이 아니다</u>(대상 : 초고층, 연면적 10만m² 이상+16층 이상).
④ 건축신고를 한 甲이 신고일부터 <u>1년 이내</u>에 공사에 착수하지 아니하면 그 신고의 효력은 없어진다.
⑤ 건축신고를 한 甲은 건축물의 공사가 끝난 후 <u>사용승인 후</u> 건축물을 사용할 수 있다.

답 ①

10 건축법령상 건축허가와 건축신고에 관한 설명으로 틀린 것은?　　　　▼ 제22, 25회

① 허가 대상 건축물이라 하더라도 바닥면적의 합계가 85m² 이내의 증축인 경우에는 건축신고를 하면 건축허가를 받은 것으로 본다.

② 시장·군수는 연면적의 합계가 10만m² 이상인 공장의 건축을 허가하려면 미리 도지사의 승인을 얻어야 한다.

③ 국가가 건축물을 건축하기 위하여 미리 건축물의 소재지를 관할하는 허가권자와 협의한 경우에는 건축허가를 받았거나 신고한 것으로 본다.

④ 건축신고를 한 자가 신고일부터 1년 이내에 공사에 착수하지 아니하면 그 신고의 효력은 없어진다.

⑤ 시·도지사가 시장·군수·구청장의 건축허가를 제한하는 경우 제한기간은 2년 이내로 하되, 1회에 한하여 1년 이내의 범위에서 연장할 수 있다.

해설 층수가 21층 이상이거나 연면적의 합계가 10만m² 이상인 건축물(연면적의 10분의 3 이상을 증축하여 층수가 21층 이상으로 되거나 연면적의 합계가 10만m² 이상으로 되는 경우 포함). 다만, 공장·창고 등은 제외한다

답 ②

가설건축물 & 건축설비

01 건축법령상 가설건축물 축조신고의 대상이 <u>아닌</u> 것은? (단, 조례와 '공용건축물에 대한 특례'는 고려하지 않음) ⌄ 제28회

① 전시를 위한 견본주택
② 도시지역 중 주거지역에 설치하는 농업용 비닐하우스로서 연면적이 100m²인 것
③ 조립식 구조로 된 경비용으로 쓰는 가설건축물로서 연면적이 20m²인 것
④ 야외흡연실 용도로 쓰는 가설건축물로서 연면적이 50m²인 것
⑤ 공사에 필요한 규모의 공사용 가설건축물 및 공작물인 것

해설 조립식 구조로 된 경비용으로 쓰는 가설건축물로서 연면적이 <u>10m² 이하</u>(20m²×)인 것

답 ③

02 건축법령상 신고대상 가설건축물인 전시를 위한 견본주택을 축조하는 경우에 관한 설명으로 옳은 것을 모두 고른 것은? (단, 건축법령상 특례규정은 고려하지 않음) ⌄ 제31회

> ㄱ. 건축법 제44조(대지와 도로의 관계)는 적용된다.
> ㄴ. 견본주택의 존치기간은 해당 주택의 분양완료일까지이다.
> ㄷ. 견본주택이 2층 이상인 경우 공사감리자를 지정하여야 한다.

① ㄱ   ② ㄷ
③ ㄱ, ㄴ   ④ ㄴ, ㄷ
⑤ ㄱ, ㄴ, ㄷ

해설
ㄴ. 신고하여야 하는 가설건축물의 존치기간은 3년 이내로 한다. 다만, 공사용 가설건축물 및 공작물의 경우에는 해당 공사의 완료일까지의 기간을 말한다.
ㄷ. 건축허가를 받아야 하는 건축물(<u>건축신고 대상 건축물은 제외</u>)을 건축하는 경우[<u>견본주택 신고대상 – 감리지정×</u>]

답 ①

03 건축법령상 건축공사현장 안전관리 예치금에 관한 조문의 내용이다. (   )에 들어갈 내용을 바르게 나열한 것은? (단, 적용 제외는 고려하지 않음) ㅜ 제30회

> 허가권자는 연면적이 (ㄱ)제곱미터 이상인 건축물로서 해당 지방자치단체의 조례로 정하는 건축물에 대하여는 착공신고를 하는 건축주에게 장기간 건축물의 공사현장이 방치되는 것에 대비하여 미리 미관 개선과 안전관리에 필요한 비용을 건축 공사비의 (ㄴ)퍼센트의 범위에서 예치하게 할 수 있다.

① ㄱ: 1천, ㄴ: 1   ② ㄱ: 1천, ㄴ: 3
③ ㄱ: 1천, ㄴ: 5   ④ ㄱ: 3천, ㄴ: 3
⑤ ㄱ: 3천, ㄴ: 5

해설 허가권자는 연면적이 (1000)제곱미터 이상인 건축물로서 해당 지방자치단체의 조례로 정하는 건축물에 대하여는 착공신고를 하는 건축주에게 장기간 건축물의 공사현장이 방치되는 것에 대비하여 미리 미관 개선과 안전관리에 필요한 비용을 건축 공사비의 (1)퍼센트의 범위에서 예치하게 할 수 있다.

답 ①

04 건축법령상 국가가 소유한 대지의 지상 여유공간에 구분지상권을 설정하여 시설을 설치하려는 경우, 허가권자가 구분지상권자를 건축주로 보고 구분지상권이 설정된 부분을 대지로 보아 건축허가를 할 수 있는 시설에 해당하는 것은? ㅜ 제30회

① 수련시설 중 「청소년활동진흥법」에 따른 유스호스텔
② 제2종 근린생활시설 중 다중생활시설
③ 제2종 근린생활시설 중 노래연습장
④ 문화 및 집회시설 중 공연장
⑤ 업무시설 중 오피스텔

해설 구분지상권이 설정된 부분을 대지로 보아 건축허가를 할 수 있는 시설
㉮ 제1종 근린생활시설
㉯ 제2종 근린생활시설(총포판매소, 장의사, 다중생활시설, 제조업소, 단란주점, 안마시술소 및 노래연습장은 제외한다)
㉰ 문화 및 집회시설(공연장 및 전시장으로 한정한다)
㉱ 의료시설, 교육연구시설, 노유자시설, 운동시설[수련시설×]
㉲ 업무시설(오피스텔은 제외한다)

답 ④

05 건축법령상 건축물 안전영향평가에 관한 설명으로 옳은 것은?   ⌄ 제35회

① 초고층 건축물에 대하여는 건축허가 이후 지체 없이 건축물 안전영향평가를 실시하여야 한다.

② 안전영향평가기관은 안전영향평가를 의뢰받은 날부터 30일 이내에 안전영향평가 결과를 허가권자에게 제출하여야 하며, 이 기간은 연장될 수 없다.

③ 건축물 안전영향평가 결과는 도시계획위원회의 심의를 거쳐 확정된다.

④ 허가권자는 안전영향평가에 대한 심의 결과 및 안전영향평가 내용을 일간신문에 게재하는 방법으로 공개하여야 한다.

⑤ 안전영향평가를 실시하여야 하는 건축물이 다른 법률에 따라 구조안전과 인접 대지의 안전에 미치는 영향 등을 평가 받은 경우에는 안전영향평가의 해당 항목을 평가 받은 것으로 본다.

해설
① 초고층 건축물에 대하여는 건축허가 전 지체 없이 건축물 안전영향평가를 실시하여야 한다.
② 안전영향평가기관은 안전영향평가를 의뢰받은 날부터 30일 이내에 안전영향평가 결과를 허가권자에게 제출하여야 하며, 이 기간은 20일 범위 내에서 연장할 수 있다.
③ 건축물 안전영향평가 결과는 건축위원회의 심의를 거쳐 확정된다.
④ 허가권자는 심의 결과 및 안전영향평가 내용을 해당 지방자치단체의 공보에 게시하는 방법에 따라 즉시 공개하여야 한다.

답 ⑤

06 건축법령상 구조 안전 확인 건축물 중 건축주가 착공신고시 구조 안전 확인서류를 제출하여야 하는 건축물이 **아닌** 것은? (단, 건축법상 적용 제외 및 특례는 고려하지 않음)   ⌄ 제29회

① 단독주택
② 처마높이가 10미터인 건축물
③ 기둥과 기둥 사이의 거리가 10미터인 건축물
④ 연면적이 330제곱미터인 2층의 목구조 건축물
⑤ 다세대주택

해설 층수가 2층(목구조 건축물의 경우에는 3층) 이상 이거나 연면적이 200m²(목구조 건축물의 경우에는 500m²) 이상인 건축물. 다만, 창고, 축사, 작물 재배사는 제외한다.

답 ④

07 건축법령상 건축허가를 받은 건축물의 착공신고 시 허가권자에 대하여 구조 안전 확인 서류의 제출이 필요한 대상 건축물의 기준으로 옳은 것을 모두 고른 것은? (단, 표준설계 도서에 따라 건축하는 건축물이 아니며, 건축법령상 특례는 고려하지 않음)   ▼ 제34회

> ㄱ. 건축물의 높이: 13미터 이상
> ㄴ. 건축물의 처마높이: 7미터 이상
> ㄷ. 건축물의 기둥과 기둥 사이의 거리: 10미터 이상

① ㄱ   ② ㄴ
③ ㄱ, ㄷ   ④ ㄴ, ㄷ
⑤ ㄱ, ㄴ, ㄷ

해설
ㄴ. 건축물의 처마높이: 9미터 이상

답 ③

08 건축법령상 건축허가 대상 건축물로서 내진능력을 공개하여야 하는 건축물에 해당하지 **않는** 것은? (단, 소규모건축구조기준을 적용한 건축물이 아님)   ▼ 제35회
① 높이가 13미터인 건축물
② 처마높이가 9미터인 건축물
③ 기둥과 기둥 사이의 거리가 10미터인 건축물
④ 건축물의 용도 및 규모를 고려한 중요도가 높은 건축물로서 국토교통부령으로 정하는 건축물
⑤ 국가적 문화유산으로 보존할 가치가 있는 것으로 문화체육관광부령으로 정하는 건축물

해설 국가적 문화유산으로 보존할 가치가 있는 것으로 국토교통부령으로 정하는 건축물

답 ⑤

09 건축법령상 건축물의 가구·세대 등 간 소음 방지를 위한 경계벽을 설치하여야 하는 경우가 <u>아닌</u> 것은? ⌄ 제26회

① 숙박시설의 객실 간
② 공동주택 중 기숙사의 침실 간
③ 판매시설 중 상점 간
④ 교육연구시설 중 학교의 교실 간
⑤ 의료시설의 병실 간

해설 경계벽의 설치대상
㉮ 단독주택 중 다가구주택의 각 가구 간 또는 공동주택(기숙사는 제외)의 각 세대 간 경계벽
㉯ 공동주택 중 <u>기숙사의 침실</u>, <u>의료시설의 병실</u>, <u>학교의 교실</u> 또는 <u>숙박시설의 객실</u> 간 경계벽
㉰ 제2종 근린생활시설 중 다중생활시설의 호실 간 경계벽
㉱ 노유자시설 중 「노인복지법」에 따른 노인복지주택의 각 세대 간 경계벽
㉲ 노유자시설 중 노인요양시설의 호실 간 경계벽

답 ③

10 건축법령상 국토교통부장관이 정하여 고시하는 건축물, 건축설비 및 대지에 관한 범죄예방 기준에 따라 건축하여야 하는 건축물에 해당하지 <u>않는</u> 것은? ⌄ 제29회 수정

① 교육연구시설 중 학교
② 제1종 근린생활시설 중 일용품을 판매하는 소매점
③ 제2종 근린생활시설 중 다중생활시설
④ 교육연구시설 중 도서관
⑤ 공동주택 중 아파트

해설 범죄예방대상 건축물
㉮ 다가구, 다세대주택, 연립주택, 아파트
㉯ 제1종 근린생활시설 중 일용품을 판매하는 소매점
㉰ 제2종 근린생활시설 중 다중생활시설
㉱ 문화 및 집회시설(동·식물원은 제외)
㉲ 교육연구시설(연구소 및 <u>도서관은 제외</u>)
㉳ 노유자시설
㉴ 수련시설
㉵ 업무시설 중 오피스텔
㉶ 숙박시설 중 다중생활시설

답 ④

11 **건축법령상 건축물시설에 관한 설명으로 옳은 것은?** ❮ 제27회 수정

① 건축물의 3층에 있는 출입 가능한 노대(露臺)의 주위에는 높이 1.2m 이상의 난간을 설치하여야 한다.

② 건축물의 5층이 전시장의 용도로 쓰이는 경우에는 피난용도로 쓸 수 있는 광장을 옥상에 설치하여야 한다.

③ 층수가 12층인 건축물로서 10층 이상인 층의 바닥면적의 합계가 9,000m²인 건축물의 옥상에는 헬리포트를 설치하여야 한다.

④ 초고층 건축물에는 피난층 또는 지상으로 통하는 직통계단과 직접 연결되는 피난안전구역을 지상층으로부터 최대 20개 층마다 1개소 이상 설치하여야 한다.

⑤ 인접 대지경계선으로부터 직선거리 3m에 이웃 주택의 내부가 보이는 창문 등을 설치하는 경우에는 차면시설(遮面施設)을 설치하여야 한다.

해설

② 문화 및 집회시설(전시장 및 동·식물원은 <u>제외</u>)

③ 층수가 11층 이상인 건축물로서 <u>11층 이상인 층의 바닥면적의 합계가 1만m² 이상</u>인 건축물의 옥상에는 헬리포트를 설치하여야 한다.

④ 초고층 건축물에는 피난층 또는 지상으로 통하는 직통계단과 직접 연결되는 피난안전구역을 지상층으로부터 최대 <u>30개 층마다</u> 1개소 이상 설치하여야 한다.

⑤ 인접 대지경계선으로부터 직선거리 <u>2m 이내</u>에 이웃 주택의 내부가 보이는 창문 등을 설치하는 경우에는 차면시설을 설치하여야 한다.

답 ①

대지와 도로

01 건축법령상 건축물의 대지에 조경을 하지 않아도 되는 건축물에 해당하는 것을 모두 고른 것은? (단, 건축협정은 고려하지 않음) ❤ 제27회

> ㄱ. 면적 5,000m² 미만인 대지에 건축하는 공장
> ㄴ. 연면적의 합계가 1,500m² 미만인 공장
> ㄷ. 산업집적활성화 및 공장설립에 관한 법률에 따른 산업단지의 공장

① ㄱ   ② ㄷ
③ ㄱ, ㄴ   ④ ㄴ, ㄷ
⑤ ㄱ, ㄴ, ㄷ

해설
⑤ ㄱ, ㄴ, ㄷ 모두 해당된다.

답 ⑤

02 건축법령상 대지면적이 2천 제곱미터인 대지에 건축하는 경우 조경 등의 조치를 하여야 하는 건축물은? (단, 건축법령상 특례규정 및 조례는 고려하지 않음) ❤ 제31회
① 상업지역에 건축하는 물류시설
② 2층의 공장
③ 도시·군계획시설에서 허가를 받아 건축하는 가설건축물
④ 녹지지역에서 건축하는 기숙사
⑤ 연면적의 합계가 1천 제곱미터인 축사

해설 연면적의 합계가 1,500m² 미만인 물류시설(주거지역 또는 상업지역에 건축하는 것은 제외)로서 국토교통부령으로 정하는 것은 조경제외

답 ①

03 건축법령상 대지의 조경 등의 조치를 하지 아니할 수 있는 건축물이 <u>아닌</u> 것은? (단, 가설건축물은 제외하고, 건축법령상 특례, 기타 강화·완화조건 및 조례는 고려하지 않음)

　　　　　　　　　　　　　　　　　　　　　　　　　　　　　　　　　⊻ 제35회

① 녹지지역에 건축하는 건축물
② 면적 4천 제곱미터인 대지에 건축하는 공장
③ 연면적의 합계가 1천 제곱미터인 공장
④ 「국토의 계획 및 이용에 관한 법률」에 따라 지정된 관리 지역(지구단위계획구역으로 지정된 지역이 아님)의 건축물
⑤ 주거지역에 건축하는 연면적의 합계가 1천500제곱미터인 물류시설

해설 주거지역·상업지역에 건축하는 연면적의 합계가 1천500제곱미터인 물류시설은 <u>조경조치하여야 한다.</u>

　　　　　　　　　　　　　　　　　　　　　　　　　　　　　　　　　답 ⑤

04 건축법령상 건축물에 공개공지 또는 공개공간을 설치하여야 하는 대상지역에 해당하는 것은? (단, 지방자치단체장이 별도로 지정·공고하는 지역은 고려하지 않음)　⊻ 제27회

① 전용주거지역　　　　　　　　　② 일반주거지역
③ 전용공업지역　　　　　　　　　④ 일반공업지역
⑤ 보전녹지지역

해설 공개공지 설치대상 지역
㉮ <u>일반주거지역,</u> 준주거지역
㉯ 상업지역
㉰ 준공업지역
㉱ 특별자치시장·특별자치도지사 또는 시장·군수·구청장이 도시화의 가능성이 크거나 노후 산업단지의 정비가 필요하다고 인정하여 지정·공고하는 지역

　　　　　　　　　　　　　　　　　　　　　　　　　　　　　　　　　답 ②

05 건축법령상 공개공지 또는 공개공간을 설치하여야 하는 건축물에 해당하지 <u>않은</u> 것은? (단, 건축물은 해당 용도로 쓰는 바닥면적의 합계가 5천 제곱미터 이상이며, 조례는 고려하지 않음) ▼ 제26회

① 일반공업지역에 있는 종합병원
② 일반주거지역에 있는 교회
③ 준주거지역에 있는 예식장
④ 일반상업지역에 있는 생활숙박시설
⑤ 유통상업지역에 있는 여객자동차터미널

해설 공개공지 설치대상 제외지역
도시지역 중 전용주거지역, 전용공업지역, <u>일반공업지역</u>, 녹지지역

답 ①

06 건축법령상 대지의 조경 및 공개공지 등의 설치에 관한 설명으로 옳은 것은? (단, 「건축법」 제73조에 따른 적용 특례 및 조례는 고려하지 않음) ▼ 제25회

① 도시·군계획시설에서 건축하는 연면적의 합계가 1천500제곱미터 이상인 가설건축물에 대하여는 조경 등의 조치를 하여야 한다.
② 면적 5천 제곱미터 미만인 대지에 건축하는 공장에 대하여는 조경 등의 조치를 하지 아니할 수 있다.
③ 녹지지역에 건축하는 창고에 대해서는 조경 등의 조치를 하여야 한다.
④ 상업지역의 건축물에 설치하는 공개공지 등의 면적은 대지면적의 100분의 10을 넘어야 한다.
⑤ 공개공지 등을 설치하는 경우 건축물의 건폐율은 완화하여 적용할 수 있으나 건축물의 높이 제한은 완화하여 적용할 수 없다.

해설
① <u>허가대상 가설건축물</u>은 조경 등의 조치를 하지 아니할 수 있다.
③ 녹지지역에 건축하는 건축물은 조경 등의 조치를 하지 아니할 수 있다.
④ 공개공지 등의 면적은 대지면적의 <u>100분의 10 이하</u>의 범위에서 건축조례로 정한다.
⑤ 공개공지 등을 설치하는 경우 건축물의 <u>용적률(건폐율×)</u>은 완화하여 적용할 수 있고 건축물의 높이 제한은 완화하여 적용할 수 <u>있다</u>.

답 ②

07 건축법령상 대지에 공개 공지 또는 공개 공간을 설치하여야 하는 건축물은? (단, 건축물의 용도로 쓰는 바닥면적의 합계는 5천 제곱미터 이상이며, 건축법령상 특례 및 조례는 고려하지 않음)   ⟲ 제34회

① 일반주거지역에 있는 초등학교
② 준주거지역에 있는 「농수산물 유통 및 가격안정에 관한 법률」에 따른 농수산물유통시설
③ 일반상업지역에 있는 관망탑
④ 자연녹지지역에 있는 「청소년활동진흥법」에 따른 유스호스텔
⑤ 준공업지역에 있는 여객용 운수시설

> **해설**
> 문화 및 집회시설, 종교시설, 판매시설(농수산물유통시설은 제외), 운수시설(여객용 시설만 해당), 업무시설 및 숙박시설로서 해당 용도로 쓰는 바닥면적의 합계가 5천m² 이상인 건축물
>
> 답 ⑤

08 건축법령상 공개공지 등에 관한 설명으로 옳은 것은? (단, 건축법령상 특례, 기타 강화·완화조건은 고려하지 않음)   ⟲ 제35회

① 노후 산업단지의 정비가 필요하다고 인정되어 지정·공고된 지역에는 공개공지 등을 설치할 수 없다.
② 공개공지는 필로티의 구조로 설치할 수 없다.
③ 공개공지 등을 설치할 때에는 모든 사람들이 환경친화적으로 편리하게 이용할 수 있도록 긴 의자 또는 조경시설 등 건축조례로 정하는 시설을 설치해야 한다.
④ 공개공지 등에는 건축조례로 정하는 바에 따라 연간 최장 90일의 기간 동안 주민들을 위한 문화행사를 열거나 판촉활동을 할 수 있다.
⑤ 울타리나 담장 등 시설의 설치 또는 출입구의 폐쇄 등을 통하여 공개공지 등의 출입을 제한한 경우 지체 없이 관할 시장·군수·구청장에게 신고하여야 한다.

> **해설**
> ① 노후 산업단지의 정비가 필요하다고 인정되어 지정·공고된 지역에는 공개공지 등을 설치할 수 <u>있다</u>.
> ② 공개공지는 필로티의 구조로 설치할 수 <u>있다</u>.
> ④ 공개공지 등에는 건축조례로 정하는 바에 따라 연간 최장 <u>60일</u>의 기간 동안 주민들을 위한 문화행사를 열거나 판촉활동을 할 수 있다.
> ⑤ 울타리를 설치하는 등 공중이 해당 공개공지 등을 이용하는 데 지장을 주는 <u>행위를 해서는 아니 된다</u>.
>
> 답 ③

09 건축법령상 건축선과 대지의 면적에 관한 설명이다. ( )에 들어갈 내용으로 옳은 것은? (단, 허가권자의 건축선의 별도지정, 「건축법」 제3조에 따른 적용제외, 건축법령상 특례 및 조례는 고려하지 않음) 제34회

> 「건축법」 제2조 제1항 제11호에 따른 소요 너비에 못 미치는 너비의 도로인 경우에는 그 중심선으로부터 그 (ㄱ)을 건축선으로 하되, 그 도로의 반대쪽에 하천이 있는 경우에는 그 하천이 있는 쪽의 도로경계선에서 (ㄴ)을 건축선으로 하며, 그 건축선과 도로 사이의 대지면적은 건축물의 대지면적 산정 시 (ㄷ)한다.

① ㄱ: 소요 너비에 해당하는 수평거리만큼 물러난 선, ㄴ: 소요 너비에 해당하는 수평거리의 선, ㄷ: 제외
② ㄱ: 소요 너비의 2분의 1의 수평거리만큼 물러난 선, ㄴ: 소요 너비의 2분의 1의 수평거리의 선, ㄷ: 제외
③ ㄱ: 소요 너비의 2분의 1의 수평거리만큼 물러난 선, ㄴ: 소요 너비에 해당하는 수평거리의 선, ㄷ: 제외
④ ㄱ: 소요 너비의 2분의 1의 수평거리만큼 물러난 선, ㄴ: 소요 너비에 해당하는 수평거리의 선, ㄷ: 포함
⑤ ㄱ: 소요 너비에 해당하는 수평거리만큼 물러난 선, ㄴ: 소요 너비의 2분의 1의 수평거리의 선, ㄷ: 포함

해설
㉮ 소요 너비 미달도로: 소요 너비에 못 미치는 너비의 도로인 경우에는 그 중심선으로부터 그 소요 너비의 2분의 1의 수평거리만큼 물러난 선을 건축선으로 한다.
㉯ 그 도로의 반대쪽에 경사지, 하천, 철도, 선로부지, 그 밖에 이와 유사한 것이 있는 경우에는 그 경사지 등이 있는 쪽의 도로경계선에서 소요 너비에 해당하는 수평거리의 선을 건축선으로 한다.
㉰ ㉮와 ㉯는 대지면적에 제외된다.

답 ③

10 건축법령상 도시지역에 건축하는 건축물의 대지와 도로 등에 관한 설명으로 **틀린** 것은?

제25회

① 연면적의 합계가 2천 제곱미터인 공장의 대지는 너비 6미터 이상의 도로에 4미터 이상 접하여야 한다.
② 쓰레기로 매립된 토지에 건축물을 건축하는 경우 성토, 지반 개량 등 필요한 조치를 하여야 한다.
③ 군수는 건축물의 위치나 환경을 정비하기 위하여 필요하다고 인정하면 4미터 이하의 범위에서 건축선을 따로 지정할 수 있다.
④ 담장의 지표 위 부분은 건축선의 수직면을 넘어서는 아니 된다.
⑤ 공장의 주변에 허가권자가 인정한 공지인 광장이 있는 경우 연면적의 합계가 1천 제곱미터인 공장의 대지는 도로에 2미터 이상 접하지 않아도 된다.

해설 연면적의 합계가 <u>3천 제곱미터</u>인 공장의 대지는 너비 6미터 이상의 도로에 4미터 이상 접하여야 한다.

답 ①

11   1,000m²의 대지가 그림과 같이 각 지역·지구에 걸치는 경우, 건축법령상 건축물 및 대지에 적용되는 규정으로 옳은 것은? (단, 바탕은 대지, A면은 건축물이며, 조례는 고려하지 않음)

➤ 제22회 수정

녹지지역 400m²	주거지역 600m²(방화지구)
A	

① 건축물: 전부 방화지구에 관한 규정, 대지: 전부 방화지구에 관한 규정
② 건축물: 각 부분이 속한 지역에 관한 규정, 대지: 대지의 각 부분이 속한 지구에 관한 규정
③ 건축물: 전부 녹지지역에 관한 규정, 대지: 전부 방화지구에 관한 규정
④ 건축물: 전부 방화지구에 관한 규정, 대지: 대지의 각 부분이 속한 지역·지구에 관한 규정
⑤ 건축물: 전부 녹지지역에 관한 규정, 대지: 전부 녹지지역에 관한 규정

해설
㉮ 방화지구의 특례: 하나의 건축물이 방화지구와 그 밖의 구역에 걸치는 경우에는 그 전부에 대하여 방화지구 안의 건축물에 관한 이 법의 규정을 적용한다.
㉯ 녹지지역의 특례: 대지가 녹지지역과 그 밖의 지역에 걸치는 경우에는 각 지역 안의 건축물과 대지에 관한 이 법의 규정을 적용한다(녹지지역 안의 건축물이 방화지구에 걸치는 경우 ㉮와 동일).

답 ④

Chapter 16 면적 & 높이

01 건축법령상 건축물의 면적 등의 산정방법으로 옳은 것은? ☞ 제31회

① 공동주택으로서 지상층에 설치한 생활폐기물 보관함의 면적은 바닥면적에 산입한다.

② 지하층에 설치한 기계실, 전기실의 면적은 용적률을 산정할 때 연면적에 산입한다.

③ 건축법상 건축물의 높이 제한 규정을 적용할 때, 건축물의 1층 전체에 필로티가 설치되어 있는 경우 건축물의 높이는 필로티의 층고를 제외하고 산정한다.

④ 건축물의 층고는 방의 바닥구조체 윗면으로부터 위층 바닥구조체의 아랫면까지의 높이로 한다.

⑤ 건축물이 부분에 따라 그 층수가 다른 경우에는 그 중 가장 많은 층수와 가장 적은 층수를 평균하여 반올림한 수를 그 건축물의 층수로 본다.

해설

① 공동주택으로서 지상층에 설치한 생활폐기물 보관함의 면적은 바닥면적에 산입하지 아니한다.

② 지하층의 면적은 용적률을 산정할 때 연면적에 산입하지 아니한다.

④ 건축물의 층고는 방의 바닥구조체 윗면으로부터 위층 바닥구조체의 윗면까지의 높이로 한다.

⑤ 건축물이 부분에 따라 그 층수가 다른 경우에는 그 중 가장 많은 층수를 그 건축물의 층수로 본다.

답 ③

02 건축법령상 건축물의 면적 등의 산정방법에 관한 설명으로 **틀린** 것은? (단, 건축법령상 특례는 고려하지 않음) ⌄ 제33회

① 공동주택으로서 지상층에 설치한 조경시설의 면적은 바닥면적에 산입하지 않는다.
② 지하주차장의 경사로의 면적은 건축면적에 산입한다.
③ 태양열을 주된 에너지원으로 이용하는 주택의 건축면적은 건축물의 외벽 중 내측 내력벽의 중심선을 기준으로 한다.
④ 용적률을 산정할 때에는 지하층의 면적은 연면적에 산입하지 않는다.
⑤ 층의 구분이 명확하지 아니한 건축물의 높이는 4미터마다 하나의 층으로 보고 그 층수를 산정한다.

해설 다음의 경우에는 건축면적에 산입하지 아니한다.
㉮ 지표면으로부터 1m 이하에 있는 부분
㉯ 건축물 지상층에 일반인이나 차량이 통행할 수 있도록 설치한 보행통로나 차량통로
㉰ 지하주차장의 경사로
㉱ 건축물 지하층의 출입구 상부
㉲ 생활폐기물 보관함(음식물쓰레기, 의류 등의 수거함) 등

답 ②

03 건축법령상 1,000m²의 대지에 건축한 다음 건축물의 용적률은 얼마인가? (단, 제시된 조건 외에 다른 조건은 고려하지 않음) ⌄ 제24회

• 하나의 건축물로서 지하 2개층, 지상 5개층으로 구성되어 있으며, 지붕은 평지붕임
• 건축면적은 500m²이고, 지하층포함 각 층의 바닥면적은 480m²로 동일함
• 지하 2층은 전부 주차장, 지하 1층은 전부 제1종 근린생활시설로 사용됨
• 지상 5개층은 전부 업무시설로 사용됨

① 240%
② 250%
③ 288%
④ 300%
⑤ 480%

해설 대지 : 1,000m²이고 지하 2개층, 지상 5개층, 지하층은 용적률이 제외(각 바닥이 480m² → 5×480＝2,400m²(240%)

답 ①

04 건축법령상 대지면적이 160제곱미터인 대지에 건축되어 있고, 각 층의 바닥면적이 동일한 지하 1층·지상 3층인 하나의 평지붕 건축물로서 용적률이 150퍼센트라고 할 때, 이 건축물의 바닥면적은 얼마인가? (단, 제시된 조건 이외의 다른 조건이나 제한은 고려하지 아니함) ▼ 제25회

① 60제곱미터　　　　　　　　② 70제곱미터
③ 80제곱미터　　　　　　　　④ 100제곱미터
⑤ 120제곱미터

해설 대지 : 160제곱미터(용적률이 150퍼센트 : 240제곱미터)인 경우이나 지하1층(용적률 포함×)를 제외 → 240÷3개층＝각 층 바닥면적은 80제곱미터

답 ③

05 건축법령상 지상 11층 지하 3층인 하나의 건축물이 다음 조건을 갖추고 있는 경우 건축물의 용적률은? (단, 제시된 조건 이외의 다른 조건이나 제한 및 건축법령상 특례는 고려하지 않음) ▼ 제34회

- 대지면적은 1,500m²임
- 각 층의 바닥면적은 1,000m²로 동일함
- 지상 1층 중 500m²는 건축물의 부속용도인 주차장으로, 나머지 500m²는 제2종 근린생활시설로 사용함
- 지상 2층에서는 11층까지는 업무시설로 사용함
- 지하 1층은 제1종 근린생활시설로, 지하 2층과 지하 3층은 주차장으로 사용함

① 660%　　　　　　　　② 700%
③ 800%　　　　　　　　④ 900%
⑤ 1,100%

해설 용적률＝연면적/대지면적×100
지하층 제외 바닥면적 총합계는 지상1층(500m²)＋지상2층부터 10층(10,000m²)
10,500/1,500×100＝700%

답 ②

06 건축법령상 대지 A의 건축선을 고려한 대지면적은? (다만, 도로는 보행과 자동차 통행이 가능한 통과도로로서 법률상 도로이며, 대지A는 도시지역이 아니고 읍에 해당하는 곳이다.)

제21회

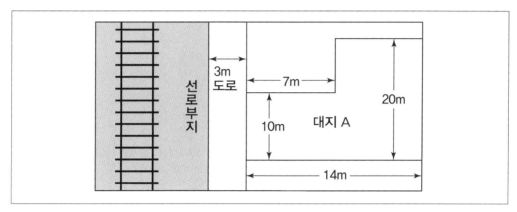

① 170m²
② 180m²
③ 200m²
④ 205m²
⑤ 210m²

해설 대지A를 작은면적(7×10)과 큰면적(7×20)으로 둘로 나뉜 후 작은면적(반대쪽이 선로이므로 도로 4m때문에 대지쪽 7m에서 1m가 빠지므로 → 6×10)＋큰면적(7×20)으로 나누어 보면 된다. 60＋140＝200m²

답 ③

07 건축법령상 건축물 바닥면적의 산정방법에 관한 설명으로 틀린 것은?   제29회

① 벽·기둥의 구획이 없는 건축물은 그 지붕 끝부분으로부터 수평거리 1미터를 후퇴한 선으로 둘러싸인 수평투영 면적으로 한다.
② 승강기탑은 바닥면적에 산입하지 아니한다.
③ 필로티 부분은 공동주택의 경우에는 바닥면적에 산입한다.
④ 공동주택으로서 지상층에 설치한 조경시설은 바닥면적에 산입하지 아니한다.
⑤ 건축물의 노대의 바닥은 난간 등의 설치 여부에 관계없이 노대의 면적에서 노대가 접한 가장 긴 외벽에 접한 길이에 1.5미터를 곱한 값을 뺀 면적을 바닥면적에 산입한다.

해설 필로티 부분은 공동주택의 경우에는 바닥면적에 <u>산입하지 아니한다.</u>

답 ③

08 지하층이 2개층이고 지상층은 전체가 층의 구분이 명확하지 아니한 건축물로서, 건축물의 바닥면적은 600m²이며 바닥면적의 300m²에 해당하는 부분은 그 높이가 12m이고 나머지 300m²에 해당하는 부분의 높이는 16m이다. 이러한 건축물의 건축법령상 층수는? (단, 건축물의 높이는 건축법령에 의하여 산정한 것이고, 지표면의 고저차는 없으며, 건축물의 옥상에는 별도의 설치물이 없음) ▼ 제23회

① 1층   ② 3층
③ 4층   ④ 5층
⑤ 6층

해설 건축면적 600m²이므로 300m²(높이가 12m), 나머지 300m²(높이는 16m)이고 층의 구분이 명확하지 아니한 건축물로 4m마다 하나의 층으로 본다 → 4×A=16m : A=4(4층)

답 ③

09 건축법령상 건축물의 높이 제한에 관한 설명으로 틀린 것은? (단, 「건축법」 제73조에 따른 적용 특례 및 조례는 고려하지 않음) ▼ 제25회

① 전용주거지역과 일반주거지역 안에서 건축하는 건축물에 대하여는 일조의 확보를 위한 높이 제한이 적용된다.
② 일반상업지역에 건축하는 공동주택으로서 하나의 대지에 두 동(棟) 이상을 건축하는 경우에는 채광의 확보를 위한 높이 제한이 적용된다.
③ 건축물의 높이가 정하여지지 아니한 가로구역의 경우 건축물 각 부분의 높이는 그 부분으로부터 전면(前面)도로의 반대쪽 경계선까지의 수평거리의 1.5배를 넘을 수 없다.
④ 허가권자는 같은 가로구역에서 건축물의 용도 및 형태에 따라 건축물의 높이를 다르게 정할 수 있다.
⑤ 허가권자는 가로구역별 건축물의 최고 높이를 지정하려면 지방건축위원회의 심의를 거쳐야 한다.

해설 공동주택(일반상업지역, 중심상업지역은 제외)으로서 하나의 대지에 두 동(棟) 이상을 건축하는 경우에는 채광의 확보를 위한 높이 제한이 적용된다.

답 ②

건축특칙 & 이행강제금 & 보칙

01 건축법령상 특별건축구역에 관한 설명으로 옳은 것은? ⌄ 제32회

① 국토교통부장관은 지방자치단체가 국제행사 등을 개최하는 지역의 사업구역을 특별건축구역으로 지정할 수 있다.

② 「도로법」에 따른 접도구역은 특별건축구역으로 지정될 수 없다.

③ 특별건축구역에서의 건축기준의 특례사항은 지방자치단체가 건축하는 건축물에는 적용되지 않는다.

④ 특별건축구역에서 「주차장법」에 따른 부설주차장의 설치에 관한 규정은 개별 건축물마다 적용하여야 한다.

⑤ 특별건축구역을 지정한 경우에는 「국토의 계획 및 이용에 관한 법률」에 따른 용도지역·지구·구역의 지정이 있는 것으로 본다.

해설

① 시·도지사는 지방자치단체가 국제행사 등을 개최하는 지역의 사업구역을 특별건축구역으로 지정할 수 있다.

③ 특별건축구역에서의 건축기준의 특례사항은 지방자치단체가 건축하는 건축물에는 적용된다.

④ 개별 건축물마다 적용하지 아니하고 특별건축구역 전부 또는 일부를 대상으로 통합하여 적용할 수 있다.

⑤ 특별건축구역을 지정한 경우에는 「국토의 계획 및 이용에 관한 법률」에 따른 도시·군관리계획의 결정이 있는 것으로 본다(용도지역·지구·구역의 지정은 제외).

답 ②

02 건축법령상 특별건축구역에서 국가가 건축하는 건축물에 적용하지 아니할 수 있는 사항을 모두 고른 것은? (단, 건축법령상 특례 및 조례는 고려하지 않음) ▼ 제33회

> ㄱ. 「건축법」 제42조 대지의 조경에 관한 사항
> ㄴ. 「건축법」 제44조 대지와 도로의 관계에 관한 사항
> ㄷ. 「건축법」 제57조 대지의 분할 제한에 관한 사항
> ㄹ. 「건축법」 제58조 대지 안의 공지에 관한 사항

① ㄱ, ㄴ   ② ㄱ, ㄷ
③ ㄱ, ㄹ   ④ ㄴ, ㄷ
⑤ ㄷ, ㄹ

해설 특별건축구역에 건축하는 건축물에 대하여는 다음의 규정을 적용하지 아니할 수 있다.
㉮ 대지의 조경, 대지 안의 공지
㉯ 건축물의 건폐율·용적률
㉰ 건축물의 높이 제한
㉱ 일조 등의 확보를 위한 건축물의 높이 제한

답 ③

03 건축법령상 건축협정에 관한 설명으로 틀린 것은? ▼ 제27회

① 건축물의 소유자 등은 과반수의 동의로 건축물의 리모델링에 대한 건축협정을 체결할 수 있다.
② 협정체결자 또는 건축협정운영회의 대표자는 건축협정서를 작성하여 해당 건축협정인가권자의 인가를 받아야 한다.
③ 건축협정인가권자가 건축협정을 인가하였을 때에는 해당 지방자치단체의 공보에 그 내용을 공고하여야 한다.
④ 건축협정 체결 대상 토지가 둘 이상의 특별자치시 또는 시·군·구에 걸치는 경우 건축협정 체결 대상 토지면적의 과반이 속하는 건축협정인가권자에게 인가를 신청할 수 있다.
⑤ 협정체결자 또는 건축협정운영회의 대표자는 건축협정을 폐지하려는 경우 협정체결자 과반수의 동의를 받아 건축협정인가권자의 인가를 받아야 한다.

해설 건축물의 소유자 등은 전원의 합의로 건축물의 리모델링에 대한 건축협정을 체결할 수 있다.

답 ①

04 건축법령상 건축협정에 관한 설명으로 옳은 것은? (단, 조례는 고려하지 않음) ▾ 제31회
① 해당 지역의 토지 또는 건축물의 소유자 전원이 합의하면 지상권자가 반대하는 경우에도 건축협정을 체결할 수 있다.
② 건축협정 체결 대상 토지가 둘 이상의 시·군·구에 걸치는 경우에는 관할 시·도지사에게 건축협정의 인가를 받아야 한다.
③ 협정체결자는 인가받은 건축협정을 변경하려면 협정체결자 과반수의 동의를 받아 건축협정인가권자에게 신고하여야 한다.
④ 건축협정을 폐지하려면 협정체결자 전원의 동의를 받아 건축협정인가권자의 인가를 받아야 한다.
⑤ 건축협정에서 달리 정하지 않는 한, 건축협정이 공고된 후에 건축협정구역에 있는 토지에 관한 권리를 협정체결자로부터 이전받은 자도 건축협정에 따라야 한다.

해설
① 지상권자가 반대하는 경우에도 건축협정을 체결할 수 없다.[전원의 합의]
② 건축협정 체결 대상 토지가 둘 이상의 특별자치시 또는 시·군·구에 걸치는 경우 건축협정 체결 대상 토지 면적의 과반(過半)이 속하는 건축협정인가권자에게 인가를 신청할 수 있다.
③ 협정체결자는 인가받은 사항을 변경하려면 변경인가를 받아야 한다.
④ 건축협정을 폐지하려는 경우에는 협정체결자 과반수의 동의를 받아 건축협정인가권자의 인가를 받아야 한다.
답 ⑤

05 건축법령상 건축협정구역에서 건축하는 건축물에 대하여 완화하여 적용할 수 있는 건축기분 중 건축위원회의 심의와 「국토의 계획 및 이용에 관한 법률」에 따른 지방도시계획위원회의 심위를 통합하여 거쳐야 하는 것은? ▾ 제34회
① 건축물의 용적률
② 건축물의 건폐율
③ 건축물의 높이 제한
④ 대지의 조경 면적
⑤ 일조 등의 확보를 위한 건축물의 높이 제한

해설 건축협정구역에 건축하는 건축물에 대하여는 대지의 조경면적, 건폐율, 용적률(건축위원회＋지방도시계획위원회심의 통합), 높이제한, 일조권 등의 확보를 위한 건축물의 높이 제한를 완화하여 적용한다.
답 ①

06 건축법령상 결합건축을 하고자 하는 건축주가 건축허가를 신청할 때 결합건축협정서에 명시하여야 하는 사항이 <u>아닌</u> 것은?   ▼ 제30회
① 결합건축 대상 대지의 용도지역
② 결합건축협정서를 체결하려는 자가 자연인인 경우 성명, 주소 및 생년월일
③ 결합건축협정서를 체결하려는 자가 법인인 경우 지방세 납세증명서
④ 결합건축 대상 대지별 건축계획서
⑤ 「국토의 계획 및 이용에 관한 법률」 제78조에 따라 조례로 정한 용적률과 결합건축 으로 조정되어 적용되는 대지별 용적률

해설 건축허가를 신청할 때 결합건축협정서에 명시
㉮ 결합건축 대상 대지의 위치 및 <u>용도지역</u>
㉯ 결합건축협정서를 체결하는 자의 <u>성명, 주소 및 생년원일</u>(법인, 법인 아닌 사단이나 재단 및 외국인의 경우 에는 「부동산등기법」에 따라 부여된 등록번호)
㉰ 「국토계획법」에 따라 조례로 정한 용적률과 결합건축으로 조정되어 적용되는 <u>대지별 용적률</u>
㉱ 결합건축 대상 대지별 <u>건축계획서</u>

답 ③

07 건축법령상 건축협정의 인가를 받은 건축협정구역에서 연접한 대지에 대하여 관계 법령 의 규정을 개별 건축물마다 적용하지 아니하고 건축협정구역을 대상으로 통합하여 적용 할 수 있는 것만을 모두 고른 것은?   ▼ 제28회

> ㄱ. 건폐율
> ㄴ. 계단의 설치
> ㄷ. 지하층의 설치
> ㄹ. 「주차장법」 제19조에 따른 부설주차장의 설치
> ㅁ. 「하수도법」 제34조에 따른 개인하수처리시설의 설치

① ㄱ, ㄴ, ㄹ   ② ㄱ, ㄴ, ㄷ, ㅁ
③ ㄱ, ㄷ, ㄹ, ㅁ   ④ ㄴ, ㄷ, ㄹ, ㅁ
⑤ ㄱ, ㄴ, ㄷ, ㄹ, ㅁ

해설 개별 건축물마다 적용하지 아니하고 건축협정구역을 대상으로 통합하여 적용
㉮ 대지의 조경, 대지와 도로와의 관계, <u>지하층의 설치</u>, 건폐율
㉯ 「주차장법」에 따른 <u>부설주차장의 설치</u>
㉰ 「하수도법」에 따른 <u>개인하수처리시설의 설치</u>

답 ③

08 건축법령상 이행강제금을 산정하기 위하여 위반 내용에 따라 곱하는 비율을 높은 순서대로 나열한 것은? (단, 조례는 고려하지 않음) ❤ 제29회

> ㄱ. 용적률을 초과하여 건축한 경우
> ㄴ. 건폐율을 초과하여 건축한 경우
> ㄷ. 신고를 하지 아니하고 건축한 경우
> ㄹ. 허가를 받지 아니하고 건축한 경우

① ㄱ - ㄴ - ㄹ - ㄷ   ② ㄱ - ㄹ - ㄷ - ㄴ
③ ㄴ - ㄱ - ㄹ - ㄷ   ④ ㄹ - ㄱ - ㄴ - ㄷ
⑤ ㄹ - ㄷ - ㄴ - ㄱ

해설 이행강제금을 산정하기 위하여 위반 내용에 따라 곱하는 비율
ㄹ. 허가를 받지 아니하고 건축한 경우(100분의 100)
ㄱ. 용적률을 초과하여 건축한 경우(100분의 90)
ㄴ. 건폐율을 초과하여 건축한 경우(100분의 80)
ㄷ. 신고를 하지 아니하고 건축한 경우(100분의 70)

답 ④

09 건축법령상 건축등과 관련된 분쟁으로서 건축분쟁전문위원회의 조정 및 재정의 대상이 되지 <u>않은</u> 것은? (단, 「건설산업기본법」 제69조에 따른 조정의 대상이 되는 분쟁은 제외함) ❤ 제28회

① '공사시공자'와 '해당 건축물의 건축으로 피해를 입은 인근주민' 간의 분쟁
② '관계전문기술자'와 '해당 건축물의 건축으로 피해를 입은 인근주민' 간의 분쟁
③ '해당 건축물의 건축으로 피해를 입은 인근주민' 간의 분쟁
④ '건축허가권자'와 '건축허가신청자' 간의 분쟁
⑤ '건축주'와 '공사감리자' 간의 분쟁

해설 건축분쟁전문위원회의 조정 및 재정의 대상
㉮ 건축관계자(공사시공자)와 해당 건축물의 건축등으로 피해를 입은 <u>인근주민</u> 간의 분쟁
㉯ 관계전문기술자와 해당 건축물의 건축등으로 피해를 입은 <u>인근주민 간의</u> 분쟁
㉰ <u>건축관계자(건축주)와 관계전문기술자(공사감리자)</u> 간의 분쟁
㉱ 건축관계자 간의 분쟁
㉲ <u>인근주민 간의</u> 분쟁
㉳ 관계전문기술자 간의 분쟁
※ 건축관계자 : 건축주, 설계자, 공사감리자, 공사시공자, 제조업자, 유통업자

답 ④

10 건축법령상 건축등과 관련된 분쟁으로서 건축분쟁전문위원회의 조정 및 재정의 대상이 되는 것은? (단, 「건설산업기본법」 제69조에 따른 조정의 대상이 되는 분쟁은 고려하지 않음) ⟨ 제32회

① '건축주'와 '건축신고수리자' 간의 분쟁
② '공사시공자'와 '건축지도원' 간의 분쟁
③ '건축허가권자'와 '공사감리자' 간의 분쟁
④ '관계전문기술자'와 '해당 건축물의 건축 등으로 피해를 입은 인근주민' 간의 분쟁
⑤ '건축허가권자'와 '해당 건축물의 건축 등으로 피해를 입은 인근주민' 간의 분쟁

해설 건축분쟁전문위원회의 조정 및 재정의 대상
㉮ 건축관계자와 해당 건축물의 건축 등으로 피해를 입은 인근주민 간의 분쟁
㉯ 관계전문기술자와 해당 건축물의 건축 등으로 피해를 입은 인근주민 간의 분쟁
㉰ 건축관계자와 관계전문기술 간의 분쟁
㉱ 건축관계자 간의 분쟁
㉲ 인근주민 간의 분쟁
㉳ 관계전문기술자 간의 분쟁

답 ④

MEMO

주택법

용어정의

01 주택법령상 용어의 정의에 따를 때 '주택'에 해당하지 <u>않는</u> 것을 모두 고른 것은?

제29회

ㄱ. 3층의 다가구주택   ㄴ. 2층의 공관
ㄷ. 4층의 다세대주택   ㄹ. 3층의 기숙사
ㅁ. 7층의 오피스텔

---

① ㄱ, ㄴ, ㄷ   ② ㄱ, ㄹ, ㅁ
③ ㄴ, ㄷ, ㄹ   ④ ㄴ, ㄹ, ㅁ
⑤ ㄷ, ㄹ, ㅁ

해설
ㄴ. 2층의 공관 → <u>건축법상 단독주택</u>(주택법상 주택×)
ㄹ. 3층의 기숙사 → 주택법상 <u>준주택</u>
ㅁ. 7층의 오피스텔 → 주택법상 <u>준주택</u>

답 ④

02 **주택법령상 국민주택 등에 관한 설명으로 옳은 것은?**   ⌄ 제29회

① 민영주택이라도 국민주택규모 이하로 건축되는 경우 국민주택에 해당한다.

② 한국토지주택공사가 수도권에 건설한 주거전용면적이 1세대당 80제곱미터인 아파트는 국민주택에 해당한다.

③ 지방자치단체의 재정으로부터 자금을 지원받아 건설되는 주택이 국민주택에 해당하려면 자금의 50퍼센트 이상을 지방자치단체로부터 지원받아야 한다.

④ 다세대주택의 경우 주거전용면적은 건축물의 바닥면적에서 지하층 면적을 제외한 면적으로 한다.

⑤ 아파트의 경우 복도, 계단 등 아파트의 지상층에 있는 공용면적은 주거전용면적에 포함한다.

해설

① 민영주택이란 <u>국민주택을 제외한 주택</u>

③ 국가 · 지방자치단체의 재정 또는 「주택도시기금법」에 따른 <u>주택도시기금으로부터 자금을 지원받아 건설되거나 개량되는 주택[지원범위 제한 없음]</u>

④ 다세대주택의 경우 주거전용면적은 <u>외벽의 내부선을 기준으로</u> 산정한다.

⑤ 아파트의 경우 복도, 계단 등 아파트의 지상층에 있는 공용면적은 주거전용면적에 <u>제외</u>한다.

답 ②

03 **주택법령상 용어에 관한 설명으로 옳은 것은?**   ⌄ 제30회

① "주택단지"에 해당하는 토지가 폭 8미터 이상인 도시계획예정도로로 분리된 경우, 분리된 토지를 각각 별개의 주택단지로 본다.

② "단독주택"에는 「건축법 시행령」에 따른 다가구주택이 포함되지 않는다.

③ "공동주택"에는 「건축법 시행령」에 따른 아파트, 연립주택, 기숙사 등이 포함된다.

④ "주택"이란 세대의 구성원이 장기간 독립된 주거생활을 할 수 있는 구조로 된 건축물의 전부 또는 일부를 말하며, 그 부속토지는 제외한다.

⑤ 주택단지에 딸린 어린이놀이터, 근린생활시설, 유치원, 주민운동시설, 지역난방공급시설 등은 "부대시설"에 포함된다.

해설

② "단독주택"에는 「건축법 시행령」에 따른 다가구주택이 <u>포함한다.</u>

③ 기숙사는 <u>준주택</u>에 해당한다.

④ "주택"이란 세대의 구성원이 장기간 독립된 주거생활을 할 수 있는 구조로 된 건축물의 전부 또는 일부를 말하며, 그 부속토지는 <u>포함</u>한다.

⑤ 어린이놀이터 · 근린생활시설 · 유치원 · 주민운동시설[복리시설], 지역난방공급시설[부대시설×, 기간시설]

답 ①

04 주택법령상 용어에 관한 설명으로 옳은 것은?   ▼ 제31회 수정

① 건축법 시행령에 따른 다중생활시설은 준주택에 해당하지 않는다.
② 주택도시기금으로부터 자금을 지원받아 건설되는 1세대당 주거전용면적 84제곱미터
  인 주택은 국민주택에 해당한다.
③ 간선시설이란 도로·상하수도·전기시설·가스시설·통신시설·지역난방시설 등
  을 말한다.
④ 방범설비는 복리시설에 해당한다.
⑤ 주민공동시설은 부대시설에 해당한다.

> **해설**
> ① 준주택이란 주택 외의 건축물과 그 부속토지로서 주거시설로 이용 가능한 시설 등으로서 기숙사, <u>다중생활</u>
>   <u>시설</u>, 노인복지주택, 오피스텔을 말한다.
> ③ <u>기간시설</u>에 해당[간선시설 − 기간시설을 둘 이상 연결하는 것]
> ④ 방범설비는 <u>부대</u>시설에 해당한다.
> ⑤ 주민공동시설은 <u>복리</u>시설에 해당한다.

답 ②

05 주택법령상 세대구분형 공동주택의 건설기준 등으로 틀린 것은?   ▼ 제27회 수정

① 세대구분형 공동주택의 세대별로 구분된 각각의 공간마다 별도의 욕실, 부엌과 현관
  을 설치할 것
② 구분된 공간의 세대수는 기존 세대를 제외하고 2세대 이하일 것
③ 하나의 세대가 통합하여 사용할 수 있도록 세대 간에 연결문 또는 경량구조의 경계
  벽 등을 설치할 것
④ 세대구분형 공동주택은 주택단지 공동주택 동의 전체 세대수의 3분의 1을 넘지 아니
  할 것
⑤ 승인받아 건설하는 세대구분형 공동주택의 세대별로 구분된 각각의 공간의 주거전
  용면적 합계가 주택단지 전체 주거전용면적 합계의 3분의 1을 넘지 아니할 것

> **해설** 구분된 공간의 세대수는 기존 세대를 <u>포함</u>하여 2세대 이하일 것

답 ②

06 주택법령상 「공동주택관리법」에 따른 행위의 허가를 받거나 신고를 하고 설치하는 세대구분형 공동주택이 충족하여야 하는 요건에 해당하는 것을 모두 고른 것은? (단, 조례는 고려하지 않음) ⬇ 제34회

> ㄱ. 하나의 세대가 통합하여 사용할 수 있도록 세대 간에 연결문 또는 경량구조의 경계벽 등을 설치할 것
> ㄴ. 구분된 공간의 세대수는 기존 세대를 포함하여 2세대 이하일 것
> ㄷ. 세대별로 구분된 각각의 공간마다 별도의 욕실, 부엌과 구분 출입문을 설치할 것
> ㄹ. 구조, 화재, 소방 및 피난안전 등 관계 법령에서 정하는 안전 기준을 충족할 것

① ㄱ, ㄴ, ㄷ   ② ㄱ, ㄴ, ㄹ
③ ㄱ, ㄷ, ㄹ   ④ ㄴ, ㄷ, ㄹ
⑤ ㄱ, ㄴ, ㄷ, ㄹ

해설
ㄱ. 하나의 세대가 통합하여 사용할 수 있도록 세대 간에 연결문 또는 경량구조의 경계벽 등을 설치할 것(승인대상)

답 ④

07 「주택법령」상 도시형생활주택에 관한 설명으로 틀린 것은? ⬇ 제23회 수정
① 도시형생활주택은 세대수가 300세대 미만이어야 한다.
② 「수도권정비계획법」에 따른 수도권의 경우 도시형생활주택은 1호(戶) 또는 1세대당 주거전용면적이 85제곱미터 이하이어야 한다.
③ 「국토의 계획 및 이용에 관한 법률」에 따른 도시지역에 건설하는 세대별 주거전용면적이 85제곱미터인 아파트는 도시형생활주택에 해당하지 아니한다.
④ 도시형생활주택에는 분양가상한제가 적용되지 아니한다.
⑤ 준주거지역에서 도시형생활주택인 소형주택과 도시형생활주택이 아닌 주택 1세대는 하나의 건축물에 함께 건축할 수 없다.

해설 준주거지역 또는 상업지역에서 소형주택과 도시형생활주택이 아닌 주택 1세대는 하나의 건축물에 함께 건축할 수 있다.

답 ⑤

08 주택법령상 소형주택의 요건에 관한 설명으로 **틀린** 것은? (단, 다른 요건은 충족됨)

❤ 제22회 수정

① 소형주택은 세대별로 독립된 주거가 가능하도록 욕실, 부엌을 설치하여야 한다.
② 소형주택은 주거전용면적이 20m²인 경우 욕실 및 보일러실을 제외한 부분을 한 개의 공간으로 구성하여야 한다.
③ 소형주택은 주거전용면적이 40m²인 경우 욕실 및 보일러실을 제외한 부분을 세 개 이내의 공간으로 구성할 수 있다.
④ 세대별 주거전용면적이 70m²인 경우 소형주택에 해당한다.
⑤ 각 세대는 지하층에 설치하여서는 아니 된다.

해설 세대별 주거전용면적이 60m² 이하인 경우 소형주택에 해당한다.

답 ④

09 주택법령상 도시형생활주택으로서 소형주택의 요건에 해당하는 것을 모두 고른 것은?

❤ 제33회 수정

ㄱ. 세대별 주거전용면적은 60제곱미터 이하일 것
ㄴ. 세대별로 독립된 주거가 가능하도록 욕실 및 부엌을 설치할 것
ㄷ. 지하층에는 세대를 설치하지 아니할 것

① ㄱ   ② ㄴ
③ ㄱ, ㄴ   ④ ㄱ, ㄷ
⑤ ㄱ, ㄴ, ㄷ

해설 소형주택이란 다음 요건을 모두 갖춘 공동주택(아파트, 다세대주택, 연립주택)
㉠ 세대별 주거전용면적은 60m² 이하일 것
㉡ 세대별로 독립된 주거가 가능하도록 욕실 및 부엌을 설치할 것
㉢ 지하층에는 세대를 설치하지 아니할 것

답 ⑤

10 주택법령상 용어에 관한 설명으로 옳은 것을 모두 고른 것은?   ◦ 제32회

> ㄱ. 주택에 딸린 「건축법」에 따른 건축설비는 복리시설에 해당한다.
> ㄴ. 300세대인 국민주택규모의 단지형 다세대주택은 도시형생활주택에 해당한다.
> ㄷ. 민영주택은 국민주택을 제외한 주택을 말한다.

① ㄱ   ② ㄷ
③ ㄱ, ㄴ   ④ ㄴ, ㄷ
⑤ ㄱ, ㄴ, ㄷ

해설
ㄱ. 주택에 딸린 「건축법」에 따른 건축설비는 <u>부대시설</u>에 해당한다.
ㄴ. <u>300세대 미만</u>인 국민주택규모의 단지형 다세대주택은 도시형생활주택에 해당한다.

답 ②

11 주택법령상 하나의 주택단지로 보아야 하는 것은?   ◦ 제27회 수정
① 폭 12m의 일반도로로 분리된 주택단지
② 고속도로로 분리된 주택단지
③ 폭 10m의 도시계획예정도로로 분리된 주택단지
④ 자동차전용도로로 분리된 주택단지
⑤ 보행자 및 자동차의 통행이 가능한 도로로서 「도로법」에 의한 지방도로 분리된 주택
   단지

해설 별개의 주택단지
㉮ 철도·고속도로·자동차전용도로
㉯ 폭 <u>20m 이상</u>인 일반도로
㉰ 폭 8m 이상인 도시계획예정도로
㉱ 보행자 및 자동차의 통행이 가능한 도로

답 ①

12 주택법령상 주택단지가 일정한 시설로 분리된 토지는 각각 별개의 주택단지로 본다. 그 시설에 해당하지 <u>않는</u> 것은?   ☞ 제32회

① 철도
② 폭 20미터의 고속도로
③ 폭 10미터의 일반도로
④ 폭 20미터의 자동차전용도로
⑤ 폭 10미터의 도시계획예정도로

해설 별개의 주택단지
㉮ 철도·고속도로·자동차전용도로
㉯ 폭 20m 이상인 일반도로
㉰ 폭 8m 이상인 도시계획예정도로
㉱ 보행자 및 자동차의 통행이 가능한 도로

답 ③

13 주택법령상 용어에 관한 설명으로 옳은 것은?   ☞ 제28회

① 폭 10m인 일반도로로 분리된 토지는 각각 별개의 주택단지이다.
② 공구란 하나의 주택단지에서 둘 이상으로 구분되는 일단의 구역으로서 공구별 세대수는 200세대 이상으로 해야 한다.
③ 세대구분형 공동주택이란 공동주택의 주택내부 공간의 일부를 세대별로 구분하여 생활이 가능한 구조로 하되 그 구분된 공간의 일부를 구분소유할 수 있는 주택이다.
④ 500세대인 국민주택규모의 소형주택은 도시형생활주택에 해당한다.
⑤ 「산업입지 및 개발에 관한 법률」에 따른 산업단지개발사업에 의하여 개발·조성되는 공동주택이 건설되는 용지는 공공택지에 해당한다.

해설
① 폭 20m 이상인 일반도로로 분리된 토지는 각각 별개의 주택단지이다.
② 공구란 하나의 주택단지에서 둘 이상으로 구분되는 일단의 구역으로서 공구별 세대수는 300세대 이상으로 해야 한다.
③ 세대구분형 공동주택이란 공동주택의 주택내부 공간의 일부를 세대별로 구분하여 생활이 가능한 구조로 하되 그 구분된 공간의 일부를 구분소유할 수 없는 주택이다.
④ 300세대 미만인 국민주택규모의 소형주택은 도시형생활주택에 해당한다.

답 ⑤

14 주택법령상 용어에 관한 설명으로 **틀린** 것은?   ▼ 제34회

① 「건축법 시행령」에 따른 다세대주택은 공동주택에 해당한다.

② 「건축법 시행령」에 따른 오피스텔은 준주택에 해당한다.

③ 주택단지에 해당하는 토지가 폭 8미터 이상인 도시계획예정도로로 분리된 경우, 분리된 토지를 각각 별개의 주택단지로 본다.

④ 주택에 딸린 자전거보관소는 복리시설에 해당한다.

⑤ 도로·상하수도·전기시설·가스시설·통신시설·지역난방시설은 기간시설(基幹施設)에 해당한다.

해설 주택에 딸린 자전거보관소는 <u>부대시설</u>에 해당한다.

답 ④

15 주택법령상 "기간시설"에 해당하지 <u>않는</u> 것은?   ▼ 제35회

① 전기시설

② 통신시설

③ 상하수도

④ 어린이놀이터

⑤ 지역난방시설

해설 어린이놀이터는 <u>복리시설</u>에 해당한다.

답 ④

16 주택법령상 수직증축형 리모델링의 허용 요건에 관한 규정의 일부이다. (   )에 들어갈 숫자로 옳은 것은?   ▼ 제35회

> 시행령 제13조 ① 법 제2조 제25호 다목1)에서 "대통령령으로 정하는 범위"란 다음 각 호의 구분에 따른 범위를 말한다.
> 1. 수직으로 증축하는 행위(이하 "수직증축형 리모델링"이라 한다)의 대상이 되는 기존 건축물의 층수가 (ㄱ)층 이상인 경우: (ㄴ)개층
> 2. 수직증축형 리모델링의 대상이 되는 기존 건축물의 층수가 (ㄷ)층 이하인 경우: (ㄹ)개층

① ㄱ: 10, ㄴ: 3, ㄷ: 9, ㄹ: 2
② ㄱ: 10, ㄴ: 4, ㄷ: 9, ㄹ: 3
③ ㄱ: 15, ㄴ: 3, ㄷ: 14, ㄹ: 2
④ ㄱ: 15, ㄴ: 4, ㄷ: 14, ㄹ: 3
⑤ ㄱ: 20, ㄴ: 5, ㄷ: 19, ㄹ: 4

해설 시행령 제13조 ① 법 제2조 제25호 다목1)에서 "대통령령으로 정하는 범위"란 다음 각 호의 구분에 따른 범위를 말한다.
1. 수직으로 증축하는 행위(이하 "수직증축형 리모델링"이라 한다)의 대상이 되는 기존 건축물의 층수가 (15)층 이상인 경우: (3)개층
2. 수직증축형 리모델링의 대상이 되는 기존 건축물의 층수가 (14)층 이하인 경우: (2)개층

답 ③

사업주체 & 주택조합

01 **주택법령상 주택건설사업 등의 등록과 관련하여 (   ) 안에 들어갈 내용으로 옳게 연결된 것은?** (단, 사업등록이 필요한 경우를 전제로 함) ▼ 제26회

> 연간 (ㄱ)호 이상의 단독주택 건설사업을 시행하려는 자 또는 연간 (ㄴ)제곱미터 이상의 대지조성사업을 시행하려는 자는 국토교통부장관에게 등록하여야 한다.

① ㄱ: 10, ㄴ: 10만   ② ㄱ: 20, ㄴ: 1만
③ ㄱ: 20, ㄴ: 10만   ④ ㄱ: 30, ㄴ: 1만
⑤ ㄱ: 30, ㄴ: 10만

해설 연간 (20)호 이상의 단독주택 건설사업을 시행하려는 자 또는 연간 (1만)제곱미터 이상의 대지조성사업을 시행하려는 자는 국토교통부장관에게 등록하여야 한다.

답 ②

02 주택법령상 주택건설사업자 등에 관한 설명으로 옳은 것은? ▼ 제34회

① 「공익법인의 설립·운영에 관한 법률」에 따라 주택건설사업을 목적으로 설립된 공익법인이 연간 20호 이상의 단독주택 건설사업을 시행하려는 경우 국토교통부장관에게 등록하여야 한다.

② 세대수를 증가하는 리모델링주택조합이 그 구성원의 주택을 건설하는 경우에는 국가와 사업을 시행할 수 있다.

③ 고용자가 그 근로자의 주택을 건설하는 경우에는 대통령령으로 정하는 바에 따라 등록사업자와 공동으로 사업을 시행하여야 한다.

④ 국토교통부장관은 등록사업자가 타인에게 등록증을 대여한 경우에는 1년 이내의 기간을 정하여 영업의 정지를 명할 수 있다.

⑤ 영업정지 처분을 받은 등록사업자는 그 처분 전에 사업계획승인을 받은 사업을 계속 수행할 수 없다.

해설

① 공익법인은 국토교통부장관 등록대상 아니다.

② 세대수를 증가하는 리모델링주택조합이 그 구성원의 주택을 건설하는 경우에는 등록사업자와 공동으로 사업을 시행할 수 있다.

④ 거짓이나 그 밖의 부정한 방법으로 등록, 등록증의 대여에 해당하는 경우에는 그 등록을 말소하여야 한다.

⑤ 등록말소 또는 영업정지 처분을 받은 등록사업자는 그 처분 전에 사업계획승인을 받은 사업은 계속 수행할 수 있다.

답 ③

03 주택법령상 주택건설사업자 등에 관한 설명으로 옳은 것을 모두 고른 것은?   ▼ 제31회

> ㄱ. 한국토지주택공사가 연간 10만 제곱미터 이상의 대지조성사업을 시행하려는 경우
>   에는 대지조성사업의 등록을 하여야 한다.
> ㄴ. 세대수를 증가하는 리모델링주택조합이 그 구성원의 주택을 건설하는 경우에는 등
>   록사업자와 공동으로 사업을 시행할 수 없다.
> ㄷ. 주택건설공사를 시공할 수 있는 등록사업자가 최근 3년간 300세대 이상의 공동주택을
>   건설한 실적이 있는 경우에는 주택으로 쓰는 층수가 7개층인 주택을 건설할 수 있다.

① ㄱ   ② ㄷ
③ ㄱ, ㄴ   ④ ㄴ, ㄷ
⑤ ㄱ, ㄴ, ㄷ

해설
ㄱ. 연간 1만 제곱미터 이상의 대지조성사업을 시행하려는 경우에는 대지조성사업의 등록을 하여야 한다(한국
   토지주택공사 제외).
ㄴ. 세대수를 증가하지 아니하는 리모델링주택조합이 그 구성원의 주택을 건설하는 경우에는 등록사업자와
   공동으로 사업을 시행할 수 없다.

답 ②

04 주택법령상 시 · 도지사에게 위임한 국토교통부장관의 권한이 아닌 것은?   ▼ 제33회
① 주택건설사업의 등록
② 주택건설사업자의 등록말소
③ 사업계획승인을 받아 시행하는 주택건설사업을 완료한 경우의 사용검사
④ 사업계획승인을 받아 시행하는 주택건설사업을 완료한 경우의 임시 사용승인
⑤ 주택건설사업자의 영업의 정지

해설 주택건설사업의 등록은 국토교통부장관의 권한위임이 안 된다.

답 ①

05 **주택법령상 주택조합에 관한 설명으로 틀린 것은?** ⌄ 제25회

① 등록사업자와 공동으로 주택건설사업을 하는 주택조합은 등록하지 않고 20세대 이상의 공동주택의 건설사업을 시행할 수 있다.

② 리모델링주택조합은 그 리모델링 결의에 찬성하지 아니하는 자의 토지에 대하여 매도청구를 할 수 없다.

③ 국민주택을 공급받기 위하여 직장주택조합을 설립하려는 자는 관할 시장·군수·구청장에게 신고하여야 한다.

④ 투기과열지구에서 설립인가를 받은 지역주택조합이 구성원을 선정하는 경우 신청서의 접수 순서에 따라 조합원의 지위를 인정하여서는 아니 된다.

⑤ 시공자와의 공사계약 체결은 조합총회의 의결을 거쳐야 한다.

해설 리모델링주택조합은 그 리모델링 결의에 찬성하지 아니하는 자의 토지에 대하여 <u>매도청구를 할 수 있다</u>.

답 ②

06 **주택법령상 주택조합에 관한 설명으로 옳은 것은?** ⌄ 제25, 27회

① 국민주택을 공급받기 위하여 설립한 직장주택조합을 해산하려면 관할 시장·군수·구청장의 인가를 받아야 한다.

② 지역주택조합은 임대주택으로 건설·공급하여야 하는 세대수를 포함하여 주택건설예정세대수의 3분의 1 이상의 조합원으로 구성하여야 한다.

③ 리모델링주택조합의 경우 공동주택의 소유권이 수인의 공유에 속하는 경우에는 그 수인 모두를 조합원으로 본다.

④ 지역주택조합의 설립 인가 후 조합원이 사망하였더라도 조합원수가 주택건설예정세대수의 50% 이상을 유지하고 있다면 조합원을 충원할 수 없다.

⑤ 지역주택조합이 설립인가를 받은 후에 조합원을 추가로 모집한 경우에는 주택조합의 변경인가를 받아야 한다.

해설
① 국민주택을 공급받기 위하여 직장주택조합을 설립하려는 자는 관할 시장·군수·구청장에게 <u>신고를 하여야 한다</u>.
② 지역주택조합은 임대주택으로 건설·공급하여야 하는 세대수를 포함하여 주택건설예정세대수의 <u>2분의 1 이상의 조합원</u>으로 구성하여야 한다.
③ 리모델링주택조합의 경우 공동주택의 소유권이 수인의 공유에 속하는 경우에는 그 <u>수인을 대표하는 1인을 조합원으로 본다</u>.
④ 지역주택조합의 설립 인가 후 조합원이 사망으로 결원 발생 시 조합원을 <u>충원할 수 있다</u>.[조합원 예정세대수 비율 적용×]

답 ⑤

07 **주택법령상 주택조합에 관한 설명으로 가장 틀린 것은?** (단, 리모델링주택조합은 제외함)

⌄ 제28회 수정

① 주택을 마련하기 위하여 지역·직장주택조합의 설립인가를 받으려는 자는 토지의 소유권을 확보가 아닌 해당 주택건설대지의 80% 이상에 해당하는 토지의 사용권원 및 주택건설대지의 10% 이상의 소유권을 확보하여야 한다.

② 탈퇴한 조합원은 조합규약으로 정하는 바에 따라 부담한 비용의 환급을 청구할 수 있다.

③ 주택조합은 주택건설 예정 세대수의 50% 이상의 조합원으로 구성하되, 조합원은 20명 이상이어야 한다.

④ 지역주택조합은 그 구성원을 위하여 건설하는 주택을 그 조합원에게 우선 공급할 수 있다.

⑤ 조합원의 공개모집 이후 조합원의 사망·자격상실·탈퇴 등으로 인한 결원을 충원하거나 미달된 조합원을 재모집하는 경우에는 신고하지 아니하고 선착순의 방법으로 조합원을 모집할 수 있다.

해설 주택을 마련하기 위하여 지역·직장주택조합의 설립인가를 받으려는 자는 해당 주택건설대지의 80% 이상에 해당하는 토지의 사용권원 및 주택건설대지의 15% 이상에 해당하는 토지의 소유권을 확보하여야 한다.

답 ①

08 주택법령상 지역주택조합의 조합원을 모집하기 위하여 모집주체가 광고를 하는 경우 광고에 포함되어야하는 내용에 해당하는 것을 모두 고른 것은? ＞ 제34회

> ㄱ. 조합의 명칭 및 사무소의 소재지
> ㄴ. 조합원의 자격기준에 관한 내용
> ㄷ. 조합설립 인가일
> ㄹ. 조합원 모집 신고 수리일

① ㄱ, ㄴ, ㄷ
② ㄱ, ㄴ, ㄹ
③ ㄱ, ㄷ, ㄹ
④ ㄴ, ㄷ, ㄹ
⑤ ㄱ, ㄴ, ㄷ, ㄹ

[해설] 조합원 모집광고내용
㉮ "지역주택조합 또는 직장주택조합의 조합원 모집을 위한 광고"라는 문구
㉯ 조합원의 자격기준에 관한 내용
㉰ 주택건설대지의 사용권원 및 소유권을 확보한 비율
㉱ 조합의 명칭 및 사무소의 소재지
㉲ 조합원 모집 신고 수리일

[답] ②

09 주택법령상 지역주택조합의 설립인가신청을 위하여 제출하여야 하는 서류에 해당하지 않는 것은? ＞ 제30회

① 조합장선출동의서
② 조합원의 동의를 받은 정산서
③ 조합원 전원이 자필로 연명한 조합규약
④ 조합원 명부
⑤ 해당 주택건설대지의 80% 이상에 해당하는 토지의 사용권원과 주택건설대지의 15% 이상에 해당하는 토지의 소유권을 확보하였음을 증명하는 서류

[해설] 설립인가신청을 위하여 제출하여야 하는 서류(지역주택조합 또는 직장주택조합)
㉮ 창립총회 회의록, 조합장선출동의서, 조합원 전원이 자필로 연명(連名)한 조합규약, 조합원 명부, 사업계획서[조합원의 동의를 받은 정산서×]
㉯ 해당 주택건설대지의 80% 이상에 해당하는 토지의 사용권원과 주택건설대지의 15% 이상에 해당하는 토지의 소유권을 확보하였음을 증명하는 서류

[답] ②

10 주택법령상 지역주택조합이 설립인가를 받은 후 조합원을 신규로 가입하게 할 수 있는 경우와 결원의 범위에서 충원할 수 있는 경우 중 어느 하나에도 해당하지 **않은** 것은?

⌄ 제31회

① 조합원이 사망한 경우
② 조합원이 무자격자로 판명되어 자격을 상실하는 경우
③ 조합원을 수가 주택건설 예정 세대수를 초과하지 아니하는 범위에서 조합원 추가모집의 승인을 받은 경우
④ 조합원의 탈퇴 등으로 조합원 수가 주택건설 예정 세대 수의 60퍼센트가 된 경우
⑤ 사업계획승인의 과정에서 주택건설 예정 세대수가 변경되어 조합원 수가 변경된 세대수의 40퍼센트가 된 경우

해설 조합원의 탈퇴 등으로 조합원 수가 주택건설 예정 세대 수의 <u>50퍼센트 미만(60퍼센트×)</u>가 된 경우 결원의 범위에서 충원할 수 있다.

🖋 ④

11 주택법령상 지역주택조합의 조합원에 관한 설명으로 **틀린** 것은?   ⌄ 제28회
① 조합원의 사망으로 그 지위를 상속받는 자는 조합원이 될 수 있다.
② 조합원이 근무로 인하여 세대주 자격을 일시적으로 상실한 경우로서 시장·군수·구청장이 인정하는 경우에는 조합원 자격이 있는 것으로 본다.
③ 조합설립 인가 후에 조합원의 탈퇴로 조합원 수가 주택건설 예정 세대수의 50% 미만이 되는 경우에는 결원이 발생한 범위에서 조합원을 신규로 가입하게 할 수 있다.
④ 조합설립 인가 후에 조합원으로 추가 모집되는 자가 조합원 자격 요건을 갖추었는지를 판단할 때에는 추가 모집 공고일을 기준으로 한다.
⑤ 조합원 추가 모집에 따른 주택조합의 변경인가 신청은 사업계획승인 신청일까지 하여야 한다.

해설 조합설립 인가 후에 조합원으로 추가모집되거나 충원되는 자가 조합원 자격 요건을 갖추었는지를 판단할 때에는 해당 <u>조합설립인가 신청일을 기준</u>으로 한다.

🖋 ④

12 **주택법령상 지역주택조합에 관한 설명으로 옳은 것은?** ⌄ 제29회

① 조합설립에 동의한 조합원은 조합설립인가가 있은 이후에는 자신의 의사에 의해 조합을 탈퇴할 수 없다.

② 총회의 의결로 제명된 조합원은 조합에 자신이 부담한 비용의 환급을 청구할 수 없다.

③ 조합임원의 선임을 의결하는 총회의 경우에는 조합원의 100분의 20 이상이 직접 출석하여야 한다.

④ 조합원을 공개모집한 이후 조합원의 자격상실로 인한 결원을 충원하려면 시장·군수·구청장에게 신고하고 공개모집의 방법으로 조합원을 충원하여야 한다.

⑤ 조합의 임원이 금고 이상의 실형을 받아 당연퇴직을 하면 그가 퇴직 전에 관여한 행위는 그 효력을 상실한다.

해설
① 조합설립에 동의한 조합원은 조합설립인가가 있은 이후에는 자신의 의사에 의해 조합을 탈퇴할 수 있다.
② 총회의 의결로 제명된 조합원은 조합에 자신이 부담한 비용의 환급을 청구할 수 있다.
④ 조합원을 공개모집 이후 조합원의 사망·자격상실·탈퇴 등으로 인한 결원을 충원하거나 미달된 조합원을 재모집하는 경우에는 신고하지 아니하고 선착순의 방법으로 조합원을 모집할 수 있다.
⑤ 조합의 임원이 금고 이상의 실형을 받아 당연퇴직을 하면 그가 퇴직 전에 관여한 행위는 그 효력을 상실하지 아니한다.

답 ③

13 **주택법령상 주택상환사채에 관한 설명으로 틀린 것은?** ⌄ 제27, 31회 수정

① 등록사업자가 주택상환사채를 발행하려면 금융기관 또는 주택도시보증공사의 보증을 받아야 한다.

② 주택상환사채는 취득자의 성명을 채권에 기록하지 아니하면 사채발행자 및 제3자에게 대항할 수 없다.

③ 등록사업자의 등록이 말소된 경우에는 등록사업자가 발행한 주택상환사채의 효력은 상실된다.

④ 주택상환사채는 기명증권으로 한다.

⑤ 주택상환사채를 발행하려는 자는 주택상환사채발행계획을 수립하여 국토교통부장관의 승인을 받아야 한다.

해설 등록사업자의 등록이 말소된 경우에도 등록사업자가 발행한 주택상환사채의 효력에는 영향을 미치지 아니한다.

답 ③

14 주택법령상 주택상환사채의 납입금이 사용될 수 있는 용도로 명시된 것을 모두 고른 것은?

제32회

> ㄱ. 주택건설자재의 구입
> ㄴ. 택지의 구입 및 조성
> ㄷ. 주택조합 운영비에의 충당
> ㄹ. 주택조합 가입 청약철회자의 가입비 반환

① ㄱ, ㄴ
② ㄱ, ㄹ
③ ㄷ, ㄹ
④ ㄱ, ㄴ, ㄷ
⑤ ㄴ, ㄷ, ㄹ

해설 주택상환사채의 납입금이 사용될 수 있는 용도로 명시된 것은 <u>주택건설자재의 구입</u>, <u>택지의 구입 및 조성</u>, 건설공사비충당

답 ①

15 주택법령상 주택상환사채에 관한 설명으로 옳은 것은?

제33회

① 법인으로서 자본금이 3억원인 등록사업자는 주택상환사채를 발행할 수 있다.
② 발행 조건은 주택상환사채권에 적어야 하는 사항에 포함된다.
③ 주택상환사채를 발행하려는 자는 주택상환사채발행계획을 수립하여 시·도지사의 승인을 받아야 한다.
④ 주택상환사채는 액면으로 발행하고, 할인의 방법으로는 발행할 수 없다.
⑤ 주택상환사채는 무기명증권(無記名證券)으로 발행한다.

해설
① 법인으로서 자본금이 <u>5억원 이상</u>일 것
③ 주택상환사채를 발행하려는 자는 주택상환사채발행계획을 수립하여 <u>국토교통부장관의 승인</u>을 받아야 한다.
④ 주택상환사채는 액면 또는 할인의 방법으로 <u>발행</u>한다.
⑤ <u>기명증권(記名證券)</u>으로 한다.

답 ②

01 주택법령상 주택건설사업계획의 승인 등에 관한 설명으로 **틀린** 것은? (단, 다른 법률에 따른 사업은 제외함)   ◆ 제26, 28, 30회 수정

① 주거전용 단독주택인 건축법령상의 한옥 50호 이상의 건설사업을 시행하려는 자는 사업계획승인을 받아야 한다.

② 주택건설사업을 시행하려는 자는 전체 세대수가 600세대 이상의 주택단지를 공구별로 분할하여 주택을 건설·공급할 수 있다.

③ 사업주체는 공사의 착수기간이 연장되지 않는 한 주택건설사업계획의 승인을 받은 날부터 5년 이내에 공사를 시작하여야 한다.

④ 사업계획승인권자는 사업계획승인의 신청을 받았을 때에는 정당한 사유가 없으면 신청받은 날부터 60일 이내에 사업주체에게 승인 여부를 통보하여야 한다.

⑤ 사업계획승인권자는 사업주체가 승인받은 날부터 5년 이내 공사를 시작하지 아니한 경우 그 사업계획의 승인을 취소하여야 한다.

해설 사업계획승인권자는 사업주체가 승인받은 날부터 5년 이내 공사를 시작하지 아니한 경우 그 사업계획의 승인을 <u>취소할 수 있다</u>.

답 ⑤

02 주택법령상 주택건설사업에 대한 사업계획의 승인에 관한 설명으로 **틀린** 것은?

◆ 제29회 수정

① 지역주택조합은 설립인가를 받은 날부터 1년 이내에 사업계획승인을 신청하여야 한다.

② 사업주체가 승인받은 사업계획에 따라 공사를 시작하려는 경우 사업계획승인권자에게 신고하여야 한다.

③ 사업계획승인권자는 사업주체가 경매로 인하여 대지소유권을 상실한 경우에는 그 사업계획의 승인을 취소할 수 있다.

④ 사업주체가 주택건설대지를 사용할 수 있는 권원을 확보한 경우에는 그 대지의 소유권을 확보하지 못한 경우에도 사업계획의 승인을 받을 수 있다.

⑤ 주택조합이 승인받은 총사업비의 10퍼센트를 감액하는 변경을 하려면 변경승인을 받아야 한다.

해설 지역주택조합은 설립인가를 받은 날부터 <u>2년 이내</u>에 사업계획승인을 신청하여야 한다.

답 ①

03 주택법령상 사업계획의 승인 등에 관한 설명으로 옳은 것을 모두 고른 것은? (단, 다른 법률에 따른 사업은 제외함) <small>▼ 제31회</small>

> ㄱ. 대지조성사업계획승인을 받으려는 자는 사업계획승인신청서에 조성한 대지의 공급계획서를 첨부하여 사업계획승인권자에게 제출하여야 한다.
> ㄴ. 등록사업자는 동일한 규모의 주택을 대량으로 건설하려는 경우에는 시·도지사에게 주택의 형별로 표본설계도서를 작성·제출하여 승인을 받을 수 있다.
> ㄷ. 지방공사가 사업주체인 경우 건축물의 설계와 용도별 위치를 변경하지 아니하는 범위에서의 건축물의 배치조정은 사업계획 변경승인을 받지 않아도 된다.

① ㄱ
② ㄱ, ㄴ
③ ㄱ, ㄷ
④ ㄴ, ㄷ
⑤ ㄱ, ㄴ, ㄷ

해설
ㄴ. 등록사업자는 동일한 규모의 주택을 대량으로 건설하려는 경우에는 <u>국토교통부장관</u>에게 주택의 형별로 표본설계도서를 작성·제출하여 승인을 받을 수 있다.

답 ③

04 주택법령상 사업계획의 승인 등에 관한 설명으로 틀린 것은? <small>▼ 제35회</small>

① 승인받은 사업계획 중 공공시설 설치계획의 변경이 필요한 경우에는 사업계획승인권자로부터 변경승인을 받지 않아도 된다.
② 주택건설사업계획에는 부대시설 및 복리시설의 설치에 관한 계획 등이 포함되어야 한다.
③ 주택건설사업을 시행하려는 자는 전체 세대수가 600세대 이상인 주택단지를 공구별로 분할하여 주택을 건설·공급할 수 있다.
④ 주택건설사업계획의 승인을 받으려는 한국토지주택공사는 해당 주택건설대지의 소유권을 확보하지 않아도 된다.
⑤ 사업주체는 입주자 모집공고를 한 후 사업계획변경승인을 받은 경우에는 14일 이내에 문서로 입주예정자에게 그 내용을 통보하여야 한다.

해설 승인받은 사업계획 중 공공시설 설치계획의 변경이 필요한 경우에는 사업계획승인권자로부터 <u>변경승인을 받아야 한다.</u>

답 ①

05 주택법령상 사업주체가 50세대의 주택과 주택 외의 시설을 동일 건축물로 건축하는 계획 및 임대주택의 건설·공급에 관한 사항을 포함한 사업계획승인신청서를 제출한 경우에 대한 설명으로 옳은 것은?　　　　　　　　　　　　　　　　　　　　　　　　　　　제29회

① 사업계획승인권자는 「국토의 계획 및 이용에 관한 법률」에 따른 건폐율 및 용적률을 완화하여 적용할 수 있다.
② 사업계획승인권자가 임대주택의 건설을 이유로 용적률을 완화하는 경우 사업주체는 완화된 용적률의 70퍼센트에 해당하는 면적을 임대주택으로 공급하여야 한다.
③ 사업주체는 용적률의 완화로 건설되는 임대주택을 인수자에게 공급하여야 하며, 이 경우 시장·군수가 우선 인수할 수 있다.
④ 사업주체가 임대주택을 인수자에게 공급하는 경우 임대주택의 부속토지의 공급가격은 공시지가로 한다.
⑤ 인수자에게 공급하는 임대주택의 선정은 주택조합이 사업주체인 경우에는 조합원에게 공급하고 남은 주택을 대상으로 공개추첨의 방법에 의한다.

해설
① 사업계획승인권자는 「국토의 계획 및 이용에 관한 법률」에 따른 용적률[건폐율×]을 완화하여 적용할 수 있다.
② 사업계획승인권자가 임대주택의 건설을 이유로 용적률을 완화하는 경우 사업주체는 완화된 용적률의 60퍼센트에 해당하는 면적을 임대주택으로 공급하여야 한다.
③ 사업주체는 용적률의 완화로 건설되는 임대주택을 인수자에게 공급하여야 하며, 이 경우 시·도지사가 우선 인수할 수 있다.
④ 사업주체가 임대주택을 인수자에게 공급하는 경우 임대주택의 부속토지는 인수자에게 기부체납한 것으로 본다.

답 ⑤

06 주택법령상 (   ) 안에 들어갈 내용으로 옳게 연결된 것은? (단, 주택 외의 시설과 주택이 동일 건축물로 건축되지 않음을 전제로 함) ⌄ 제26회

> • 한국토지주택공사가 서울특별시 A구에서 대지 면적 10만 제곱미터에 50호의 한옥 건설사업을 시행하려는 경우 (ㄱ   )으로부터 사업계획승인을 받아야 한다.
> • B광역시 C구에서 지역균형개발이 필요하여 국토교통부장관이 지정·고시하는 지역 안에 50호의 한옥 건설사업을 시행하는 경우 (ㄴ   )으로부터 사업계획승인을 받아야 한다.

① ㄱ: 국토교통부장관   ㄴ: 국토교통부장관
② ㄱ: 서울특별시장   ㄴ: C구청장
③ ㄱ: 서울특별시장   ㄴ: 국토교통부장관
④ ㄱ: A구청장   ㄴ: C구청장
⑤ ㄱ: 국토교통부장관   ㄴ: B광역시장

해설
• 한국토지주택공사가 서울특별시 A구에서 대지 면적 10만 제곱미터에 50호의 한옥 건설사업을 시행하려는 경우 (국토교통부장관)으로부터 사업계획승인을 받아야 한다.
• B광역시 C구에서 지역균형개발이 필요하여 국토교통부장관이 지정·고시하는 지역 안에 50호의 한옥 건설사업을 시행하는 경우 (국토교통부장관)으로부터 사업계획승인을 받아야 한다.

답 ①

07 주택법령상 사업계획승인권자가 사업주체의 신청을 받아 공사의 착수기간을 연장할 수 있는 경우가 <u>아닌</u> 것은? (단, 공사에 착수하지 못할 다른 부득이한 사유는 고려하지 않음)

▼ 제30회

① 사업계획승인의 조건으로 부과된 사항을 이행함에 따라 공사 착수가 지연되는 경우
② 공공택지의 개발·조성을 위한 계획에 포함된 기반시설의 설치 지연으로 공사 착수가 지연되는 경우
③ 「매장문화재 보호 및 조사에 관한 법률」에 따라 문화재청장의 매장문화재 발굴허가를 받은 경우
④ 해당 사업시행지에 대한 소유권 분쟁을 사업주체가 소송 외의 방법으로 해결하는 과정에서 공사 착수가 지연되는 경우
⑤ 사업주체에게 책임이 없는 불가항력적인 사유로 인하여 공사 착수가 지연되는 경우

해설 공사의 착수기간을 연장사유
㉮ 「매장문화재 보호 및 조사에 관한 법률」에 따라 문화재청장의 매장문화재 발굴허가를 받은 경우
㉯ 해당 사업시행지에 대한 소유권 분쟁(소송절차가 진행 중인 경우만 해당한다)으로 인하여 공사 착수가 지연되는 경우
㉰ 사업계획승인의 조건으로 부과된 사항을 이행함에 따라 공사 착수가 지연되는 경우
㉱ 천재지변 또는 사업주체에게 책임이 없는 불가항력적인 사유로 인하여 공사 착수가 지연되는 경우
㉲ 공공택지의 개발·조성을 위한 계획에 포함된 기반시설의 설치 지연으로 공사 착수가 지연되는 경우
㉳ 해당 지역의 미분양주택 증가 등으로 사업성이 악화될 우려가 있거나 주택건설경기가 침체되는 등 공사에 착수하지 못할 부득이한 사유가 있다고 사업계획승인권자가 인정하는 경우

답 ④

08 사업주체 甲은 사업계획승인권자 乙로부터 주택건설사업을 분할하여 시행하는 것을 내용으로 사업계획승인을 받았다. 주택법령상 이에 관한 설명으로 **틀린** 것은? ⌄ 제26회

① 乙은 사업계획승인에 관한 사항을 고시하여야 한다.

② 甲은 최초로 공사를 진행하는 공구 외의 공구에서 해당 주택단지에 대한 최초 착공신고일부터 2년 이내에 공사를 시작하여야 한다.

③ 甲이 소송 진행으로 인하여 공사착수가 지연되어 연장 신청을 한 경우, 乙은 그 분쟁이 종료된 날부터 2년의 범위에서 공사 착수기간을 연장할 수 있다.

④ 주택분양보증을 받지 않은 甲이 파산하여 공사 완료가 불가능한 경우, 乙은 사업계획승인을 취소할 수 있다.

⑤ 甲이 최초로 공사를 진행하는 공구 외의 공구에서 해당 주택단지에 대한 최초 착공신고일부터 2년이 지났음에도 사업주체가 공사를 시작하지 아니한 경우 乙은 사업계획승인을 취소할 수 없다.

해설 甲이 소송 진행으로 인하여 공사착수가 지연되어 연장 신청을 한 경우, 乙은 그 분쟁이 종료된 날부터 <u>1년</u>의 범위에서 공사 착수기간을 연장할 수 있다.

답 ③

09 주택법령상 사업계획승인 등에 관한 설명으로 **틀린** 것은? (단, 다른 법률에 따른 사업은 제외함) ⌄ 제32회

① 주택건설사업을 시행하려는 자는 전체 세대수가 600세대 이상의 주택단지를 공구별로 분할하여 주택을 건설·공급할 수 있다.

② 사업계획승인권자는 착공신고를 받은 날부터 20일 이내에 신고수리 여부를 신고인에게 통지하여야 한다.

③ 사업계획승인권자는 사업계획승인의 신청을 받았을 때에는 정당한 사유가 없으면 신청받은 날부터 60일 이내에 사업주체에게 승인 여부를 통보하여야 한다.

④ 사업주체는 사업계획승인을 받은 날부터 1년 이내에 공사를 착수하여야 한다.

⑤ 사업계획에는 부대시설 및 복리시설의 설치에 관한 계획 등이 포함되어야 한다.

해설 사업주체는 사업계획승인을 받은 날부터 <u>5년 이내</u>에 공사를 착수하여야 한다.

답 ④

10 주택법령상 사업계획승인을 받은 사업주체에게 인정되는 매도청구권에 관한 설명으로 옳은 것은? ▼ 제26회

① 주택건설대지에 사용권원을 확보하지 못한 건축물이 있는 경우 그 건축물은 매도청구의 대상이 되지 않는다.

② 사업주체는 매도청구일 전 60일부터 매도청구 대상이 되는 대지의 소유자와 협의를 진행하여야 한다.

③ 사업주체가 주택건설대지면적 중 100분의 90에 대하여 사용권원을 확보한 경우, 사용권원을 확보하지 못한 대지의 모든 소유자에게 매도청구를 할 수 있다.

④ 사업주체가 주택건설대지면적 중 100분의 80에 대하여 사용권원을 확보한 경우, 사용권원을 확보하지 못한 대지의 소유자 중 지구단위계획구역 결정고시일 10년 이전에 해당 대지의 소유권을 취득하여 계속 보유하고 있는 자에 대하여는 매도청구를 할 수 없다.

⑤ 사업주체가 리모델링주택조합인 경우 리모델링 결의에 찬성하지 아니하는 자의 주택에 대하여는 매도청구를 할 수 없다.

해설
① 주택건설대지에 사용권원을 확보하지 못한 대지(건축물포함)는 소유자에게 시가[공시지가✕]로 매도할 것을 청구할 수 있다.
② 사업주체는 매도청구일 전 3개월 이상 매도청구 대상이 되는 대지의 소유자와 협의를 진행하여야 한다.
③ 사업주체가 주택건설대지면적 중 100분의 95에 대하여 사용권원을 확보한 경우, 사용권원을 확보하지 못한 대지의 모든 소유자에게 매도청구를 할 수 있다.
⑤ 사업주체가 리모델링주택조합인 경우 리모델링 결의에 찬성하지 아니하는 자의 주택에 대하여는 매도청구를 할 수 있다.

답 ④

11 **주택법령상 주택의 건설에 관한 설명으로 옳은 것은?** (단, 조례는 고려하지 않음) ▼ 제35회

① 하나의 건축물에는 단지형 연립주택 또는 단지형 다세대주택과 소형주택을 함께 건축할 수 없다.

② 국토교통부장관이 적정한 주택수급을 위하여 필요하다고 인정하는 경우, 고용자가 건설하는 주택에 대하여 국민주택규모로 건설하게 할 수 있는 비율은 주택의 75퍼센트 이하이다.

③ 「주택법」에 따라 건설사업자로 간주하는 등록사업자는 주택건설사업계획승인을 받은 주택의 건설공사를 시공할 수 없다.

④ 장수명 주택의 인증기준·인증절차 및 수수료 등은 「주택공급에 관한 규칙」으로 정한다.

⑤ 국토교통부장관은 바닥충격음 성능등급을 인정받은 제품이 인정받은 내용과 다르게 판매·시공한 경우에 해당하면 그 인정을 취소하여야 한다.

해설

② 국토교통부장관은 적정한 주택수급을 위하여 필요하다고 인정하는 경우에는 사업주체가 건설하는 주택의 75퍼센트(주택조합이나 고용자가 건설하는 주택은 100퍼센트) 이하의 범위에서 일정 비율 이상을 국민주택규모로 건설하게 할 수 있다.

③ 「주택법」에 따라 건설사업자로 간주하는 등록사업자는 주택건설사업계획승인을 받은 주택의 건설공사를 시공할 수 있다.

④ 장수명 주택의 인증기준·인증절차 및 수수료 등은 「국토교통부령」으로 정한다.

⑤ 국토교통부장관은 바닥충격음 성능등급을 인정받은 제품이 인정받은 내용과 다르게 판매·시공한 경우에 해당하면 그 인정을 취소할 수 있다.

답 ①

12 **주택법령상 주택의 감리자에 관한 설명으로 옳은 것을 모두 고른 것은?** ▼ 제31회

> ㄱ. 사업계획승인권자는 감리자가 업무수행 중 위반 사항이 있음을 알고도 묵인한 경우 그 감리자에 대하여 2년의 범위에서 감리업무의 지정을 제한할 수 있다.
> ㄴ. 설계도서가 해당 지형 등에 적합한지에 대한 확인은 감리자의 업무에 해당한다.
> ㄷ. 감리자는 업무를 수행하면서 위반 사항을 발견하였을 때에는 지체 없이 시공자 및 사업주체에게 위반 사항을 시정할 것을 통지하고, 7일 이내에 사업계획승인권자에게 그 내용을 보고하여야 한다.

① ㄱ

② ㄴ

③ ㄱ, ㄴ

④ ㄱ, ㄷ

⑤ ㄴ, ㄷ

해설
ㄱ. 사업계획승인권자는 감리자가 업무수행 중 위반 사항이 있음을 알고도 묵인한 경우 그 감리자에 대하여 <u>1년의 범위</u>에서 감리업무의 지정을 제한할 수 있다.

답 ⑤

13 **주택법령상 주택의 사용검사 등에 관한 설명으로 틀린 것은?** ▼ 제34회

① 하나의 주택단지의 입주자를 분할 모집하여 전체 단지의 사용검사를 마치기 전에 입주가 필요한 경우에는 공사가 완료된 주택에 대하여 동별로 사용검사를 받을 수 있다.

② 사용검사는 사용검사 신청일부터 15일 이내에 하여야 한다.

③ 사업주체는 건축물의 동별로 공사가 완료된 경우로서 사용검사권자의 임시 사용승인을 받은 경우에는 사용검사를 받기 전에 주택을 사용하게 할 수 있다.

④ 사업주체가 파산 등으로 사용검사를 받을 수 없는 경우에는 해당 주택의 시공을 보증한 자, 해당 주택의 시공자 또는 입주자대표회의는 사용검사를 받아야 한다.

⑤ 무단거주가 아닌 입주예정자가 사업주체의 파산 등으로 사용검사를 받을 때에는 입주예정자의 대표회의가 사용검사권자에게 사용검사를 신청할 때 하자보수보증금을 예치하여야 한다.

해설 사업주체가 <u>파산</u> 등으로 주택건설사업을 계속할 수 없는 경우에는 해당 <u>주택의 시공을 보증한 자</u>가 잔여공사를 시공하고 <u>사용검사</u>를 받아야 하고 시공보증자가 없거나 파산 등으로 시공을 할 수 없는 경우에는 <u>입주예정자의 대표회의가 시공자를 정하여 잔여공사를 시공하고 사용검사를 받아야 한다.</u>

답 ④

14 주택법상 사용검사 후 매도청구 등에 관한 조문의 일부이다. (   )에 들어갈 숫자를 바르게 나열한 것은?

제30회

> 「주택법」 제62조(사용검사 후 매도청구 등)
> ①~③ <생략>
> ④ 제1항에 따라 매도청구를 하려는 경우에는 해당 토지의 면적이 주택단지 전체 대지 면적의 (ㄱ)퍼센트 미만이어야 한다.
> ⑤ 제1항에 따른 매도청구의 의사표시는 실소유자가 해당 토지 소유권을 회복한 날부터 (ㄴ)년 이내에 해당 실소유자에게 송달되어야 한다.
> ⑥ <생략>

① ㄱ: 5, ㄴ: 1   ② ㄱ: 5, ㄴ: 2
③ ㄱ: 5, ㄴ: 3   ④ ㄱ: 10, ㄴ: 1
⑤ ㄱ: 10, ㄴ: 2

해설 「주택법」 제62조(사용검사 후 매도청구 등)
④ 제1항에 따라 매도청구를 하려는 경우에는 해당 토지의 면적이 주택단지 전체 대지 면적의 (5)퍼센트 미만이어야 한다.
⑤ 제1항에 따른 매도청구의 의사표시는 실소유자가 해당 토지 소유권을 회복한 날부터 (2)년 이내에 해당 실소유자에게 송달되어야 한다.

답 ②

15 주택건설사업이 완료되어 사용검사가 있은 후에 甲이 주택단지 일부의 토지에 대해 소유권이전등기 말소소송에 따라 해당 토지의 소유권을 회복하게 되었다. 주택법령상 이에 관한 설명으로 옳은 것은? ⌄ 제29회

① 주택의 소유자들은 甲에게 해당 토지를 공시지가로 매도할 것을 청구할 수 있다.

② 대표자를 선정하여 매도청구에 관한 소송을 하는 경우 대표자는 복리시설을 포함하여 주택의 소유자 전체의 4분의 3 이상의 동의를 받아 선정한다.

③ 대표자를 선정하여 매도청구에 관한 소송을 하는 경우 그 판결은 대표자 선정에 동의하지 않은 주택의 소유자에게는 효력이 미치지 않는다.

④ 甲이 소유권을 회복한 토지의 면적이 주택단지 전체 대지 면적의 5퍼센트를 넘는 경우에는 주택 소유자 전원의 동의가 있어야 매도청구를 할 수 있다.

⑤ 甲이 해당 토지의 소유권을 회복한 날부터 1년이 경과한 이후에는 甲에게 매도청구를 할 수 없다.

해설

① 주택의 소유자들은 甲에게 해당 토지를 시가로 매도할 것을 청구할 수 있다.

③ 대표자를 선정하여 매도청구에 관한 소송을 하는 경우 그 판결은 대표자 선정에 동의하지 않은 주택의 소유자에게는 효력이 미친다.

④ 甲이 소유권을 회복한 토지의 면적이 주택단지 전체 대지 면적의 5퍼센트 미만[5퍼센트×]인 경우에는 주택 소유자 전원의 동의가 있어야 매도청구를 할 수 있다.

⑤ 甲이 해당 토지의 소유권을 회복한 날부터 2년이 경과한 이후에는 甲에게 매도청구를 할 수 없다.

답 ②

주택의 공급

01 **주택법령상 주택의 공급에 관한 설명으로 옳은 것은?** ▼ 제26회

① 한국토지주택공사가 사업주체로서 복리시설의 입주자를 모집하려는 경우 시장·군수·구청장에게 신고하여야 한다.

② 지방공사가 사업주체로서 견본주택을 건설하는 경우에는 견본주택에 사용되는 마감자재 목록표와 견본주택의 각 실의 내부를 촬영한 영상물 등을 제작하여 시장·군수·구청장에게 제출하여야 한다.

③ 「관광진흥법」에 따라 지정된 관광특구에서 건설·공급하는 50층 이상의 공동주택은 분양가상한제의 적용을 받는다.

④ 공공택지 외의 택지로서 분양가상한제가 적용되는 지역에서 공급하는 도시형생활주택은 분양가상한제의 적용을 받는다.

⑤ 시·도지사는 사업계획승인 신청이 있는 날부터 30일 이내에 분양가심사위원회를 설치·운영하여야 한다.

해설

① 사업주체(공공주택사업자는 제외)가 사업주체로서 복리시설의 입주자를 모집하려는 경우 시장·군수·구청장에게 신고하여야 한다.[한국토지주택공사×]

③ 「관광진흥법」에 따라 지정된 관광특구에서 건설·공급하는 50층 이상의 공동주택은 분양가상한제를 적용하지 아니한다.

④ 공공택지 외의 택지로서 분양가상한제가 적용되는 지역에서 공급하는 도시형생활주택은 분양가상한제의 적용하지 아니한다.

⑤ 시·군·구청장은 사업계획승인 신청이 있는 날부터 20일 이내에 분양가심사위원회를 설치·운영하여야 한다.

답 ②

02 주택법령상 주택의 공급에 관한 설명으로 **틀린** 것은?　제28회

① 군수는 입주자 모집승인시 사업주체에게서 받은 마감자재 목록표의 열람을 입주자가 요구하는 경우 이를 공개하여야 한다.

② 사업주체가 부득이한 사유로 인하여 사업계획승인의 마감자재와 다르게 시공·설치하려는 경우에는 당초의 마감자재와 같은 질 이하의 자재로 설치할 수 있다.

③ 사업주체가 마감자재 목록표의 자재와 다른 마감자재를 시공·설치하려는 경우에는 그 사실을 입주예정자에게 알려야 한다.

④ 사업주체가 일반인에게 공급하는 공동주택 중 공공택지에서 공급하는 주택의 경우에는 분양가상한제가 적용된다.

⑤ 도시형생활주택을 공급하는 경우에는 분양가상한제가 적용되지 않는다.

해설 사업주체가 마감자재 생산업체의 부도 등으로 인한 제품의 품귀 등 부득이한 사유로 인하여 사업계획승인 또는 마감자재 목록표의 마감자재와 다르게 마감자재를 시공·설치하려는 경우에는 당초의 마감자재와 같은 질 이상으로 설치하여야 한다.

답 ②

03 주택법령상 주택의 공급에 관한 설명으로 **옳은** 것은?　제27회

① 한국토지주택공사가 총지분의 100분의 70을 출자하여 설립한 부동산투자회사가 사업주체로서 입주자를 모집하려는 경우에는 시장·군수·구청장의 승인을 받아야 한다.

② 관광진흥법에 따라 지정된 관광특구에서 건설·공급하는 층수가 51층이고 높이가 140m인 아파트는 분양가상한제의 적용대상이다.

③ 시·도지사는 주택가격상승률이 물가상승률보다 현저히 높은 지역으로서 주택가격의 급등이 우려되는 지역에 대해서 분양가상한제 적용 지역으로 지정할 수 있다.

④ 주택의 사용검사 후 주택단지 내 일부의 토지의 소유권을 회복한 자에게 주택소유자들이 매도청구를 하려면 해당 토지의 면적이 주택단지 전체 대지면적의 5% 미만이어야 한다.

⑤ 사업주체가 투기과열지구에서 건설·공급하는 주택의 입주자로 선정된 지위는 매매하거나 상속할 수 없다.

해설

① 한국토지주택공사가 총지분의 100분의 70을 출자하여 설립한 부동산투자회사가 사업주체로서 입주자를 모집하려는 경우에는 시장·군수·구청장의 승인을 받을 필요는 없다.

② 관광진흥법에 따라 지정된 관광특구에서 건설·공급하는 층수가 51층이거나 높이가 150m 이상인 아파트는 분양가상한제의 적용대상이다.

③ 국토교통부장관은 주택가격상승률이 물가상승률보다 현저히 높은 지역으로서 주택가격의 급등이 우려되는 지역에 대해서 분양가상한제 적용 지역으로 지정할 수 있다.
⑤ 사업주체가 투기과열지구에서 건설·공급하는 주택의 입주자로 선정된 지위는 매매할 수 없다.[상속 − 전매제한사유✕]

답 ④

04 주택법령상 분양가상한제 적용주택에 관한 설명으로 옳은 것을 모두 고른 것은?

✙ 제33회

> ㄱ. 도시형생활주택은 분양가상한제 적용주택에 해당하지 않는다.
> ㄴ. 토지임대부 분양주택의 분양가격은 택지비와 건축비로 구성된다.
> ㄷ. 사업주체는 분양가상한제 적용주택으로서 공공택지에서 공급하는 주택에 대하여 입주자 모집공고에 분양가격을 공시해야 하는데, 간접비는 공시해야 하는 분양가격에 포함되지 않는다.

① ㄱ
② ㄱ, ㄴ
③ ㄱ, ㄷ
④ ㄴ, ㄷ
⑤ ㄱ, ㄴ, ㄷ

해설
ㄴ. 분양가격은 택지비와 건축비로 구성(토지임대부 분양주택의 경우에는 건축비만 해당한다)되며, 구체적인 명세, 산정방식, 감정평가기관 선정방법 등은 국토교통부령으로 정한다.
ㄷ. 사업주체는 분양가상한제 적용주택으로서 공공택지에서 공급하는 주택에 대하여 입주자모집 승인을 받았을 때에는 입주자 모집공고 안에 택지비, 공사비, 간접비, 그 밖에 국토교통부령으로 정하는 비용에 대하여 분양가격을 공시하여야 한다.

답 ①

05 주택법령상 주택공급질서의 교란을 방지하기 위하여 금지되는 행위가 <u>아닌</u> 것은?

제25회

① 주택을 공급받을 수 있는 조합원 지위의 매매
② 주택상환사채의 매매의 알선
③ 입주자저축 증서의 저당
④ 공공사업의 시행으로 인한 이주대책에 의하여 주택을 공급받을 수 있는 지위의 매매를 위한 인터넷 광고
⑤ 주택을 공급받을 수 있는 증서로서 군수가 발행한 건물철거확인서의 매매

해설 상속 · <u>저당</u>의 경우는 제외

답 ③

06 주택법령상 주택공급과 관련하여 금지되는 공급질서교란행위에 해당하는 것을 모두 고른 것은?

제32회

> ㄱ. 주택을 공급받을 수 있는 조합원 지위의 상속
> ㄴ. 입주자저축 증서의 저당
> ㄷ. 공공사업의 시행으로 인한 이주대책에 따라 주택을 공급받을 수 있는 지위의 매매
> ㄹ. 주택을 공급받을 수 있는 증서로서 시장 · 군수 · 구청장이 발행한 무허가건물 확인서의 증여

① ㄱ, ㄴ   ② ㄱ, ㄹ
③ ㄷ, ㄹ   ④ ㄱ, ㄴ, ㄷ
⑤ ㄴ, ㄷ, ㄹ

해설 공급질서교란행위에서 <u>상속과 저당은 제외</u>

답 ③

07 주택법령상 투기과열지구에 관한 설명으로 옳은 것은?   ▼ 제25회

① 국토교통부장관이 투기과열지구를 지정하거나 해제할 경우에는 시장·군수·구청장과 협의하여야 한다.

② 투기과열지구 지정 후 해당 지역의 주택가격이 안정되어 지정 사유가 없어진 경우 해당 지역에 거주하는 법령이 정한 수 이상의 토지소유자는 시·도지사에게 투기과열지구 지정의 해제를 요청할 수 있다.

③ 국토교통부장관은 반기마다 주거정책심의위원회의 회의를 소집하여 투기과열지구로 지정된 지역별로 투기과열지구 지정의 유지 여부를 재검토하여야 한다.

④ 투기과열지구에서 제한되는 전매는 상속의 경우를 포함하여 권리의 변동을 수반하는 모든 행위를 말한다.

⑤ 투기과열지구에서 주택의 입주자로 선정된 지위는 이혼으로 인하여 배우자에게 이전이 불가피하고 사업주체의 동의를 받은 경우에도 배우자에게 전매할 수 없다.

해설

① <u>국토교통부장관 또는 시·도지사는 투기과열지구에서 지정 사유가 없어졌다고 인정하는 경우에는 지체 없이 투기과열지구 지정을 해제</u>하여야 한다.[시장·군수·구청장과 협의×]

② 투기과열지구로 지정된 지역의 <u>시·도지사, 시장, 군수 또는 구청장</u>은 지정 후 해당 지역의 주택가격이 안정되는 등 지정 사유가 없어졌다고 인정되는 경우에는 국토교통부장관 또는 시·도지사에게 <u>투기과열지구 지정의 해제를 요청</u>할 수 있다.[토지소유자 요청×]

④ 투기과열지구에서 제한되는 전매는 <u>상속의 경우를 제외</u>하여 권리의 변동을 수반하는 행위를 말한다.

⑤ 투기과열지구에서 주택의 입주자로 선정된 지위는 이혼으로 인하여 배우자에게 이전이 불가피하고 사업주체의 동의를 받은 경우에도 배우자에게 전매할 수 <u>있다</u>.

🖉 ③

08 주택법령상 투기과열지구의 지정 기준에 관한 조문의 일부이다. 다음 (   )에 들어갈 숫자를 옳게 연결한 것은? ▼ 제28회

> • 주택공급이 있었던 직전 (ㄱ)개월간 해당 지역에서 공급되는 주택의 청약경쟁률이 (ㄴ)대 1을 초과하였거나 국민주택규모 이하 주택의 청약경쟁률이 10대 1을 초과한 곳
> • 다음 각 목의 어느 하나에 해당하여 주택공급이 위축될 우려가 있는 곳
>   가. 주택의 분양계획이 직전월보다 (ㄷ)% 이상 감소한 곳

① ㄱ: 2, ㄴ: 5, ㄷ: 30   ② ㄱ: 2, ㄴ: 10, ㄷ: 40
③ ㄱ: 6, ㄴ: 5, ㄷ: 30   ④ ㄱ: 6, ㄴ: 10, ㄷ: 30
⑤ ㄱ: 6, ㄴ: 10, ㄷ: 40

해설
• 주택공급이 있었던 직전 (2)개월간 해당 지역에서 공급되는 주택의 청약경쟁률이 (5)대 1을 초과하였거나 국민주택규모 이하 주택의 청약경쟁률이 10대 1을 초과한 곳
• 다음 각 목의 어느 하나에 해당하여 주택공급이 위축될 우려가 있는 곳
  가. 주택의 분양계획이 직전월보다 (30)% 이상 감소한 곳

답 ①

09 주택법령상 투기과열지구의 지정 기준에 관한 설명이다. (   )에 들어갈 숫자와 내용을 바르게 나열한 것은? ▼ 제32회

> • 투기과열지구로 지정하는 날이 속하는 달의 바로 전 달(이하 "직전월")부터 소급하여 주택공급이 있었던 (ㄱ)개월 동안 해당 지역에서 공급되는 주택의 월평균 청약경쟁률이 모두 5대 1을 초과 하였거나 국민주택규모 주택의 월평균 청약경쟁률이 모두 (ㄴ)대 1을 초과한 곳
> • 주택의 (ㄷ)이 직전월보다 30퍼센트 이상 감소하여 주택공급이 위축될 우려가 있는 곳

① ㄱ: 2, ㄴ: 10, ㄷ: 분양계획   ② ㄱ: 2, ㄴ: 10, ㄷ: 건축허가실적
③ ㄱ: 2, ㄴ: 20, ㄷ: 건축허가실적 ④ ㄱ: 3, ㄴ: 10, ㄷ: 분양계획
⑤ ㄱ: 3, ㄴ: 20, ㄷ: 건축허가실적

해설
• 투기과열지구로 지정하는 날이 속하는 달의 바로 전 달(이하 "직전월")부터 소급하여 주택공급이 있었던 (2)개월 동안 해당 지역에서 공급되는 주택의 월평균 청약경쟁률이 모두 5대 1을 초과 하였거나 국민주택규모 주택의 월평균 청약경쟁률이 모두 (10)대 1을 초과한 곳
• 주택의 (분양계획)이 직전월보다 30퍼센트 이상 감소하여 주택공급이 위축될 우려가 있는 곳

답 ①

10 주택법령상 조정대상지역의 지정기준의 일부이다. (   )에 들어갈 숫자로 옳은 것은?

▼ 제34회

> • 조정대상지역지정직전월부터 소급하여 6개월간의 평균 주택가격상승률이 마이너스 (ㄱ)퍼센트 이하인 지역으로서 다음에 해당하는 지역
> • 조정대상지역지정직전월부터 소급하여 (ㄴ)개월 연속 주택매매거래량이 직전 연도의 같은 기간보다 (ㄷ)퍼센트 이상 감소한 지역
> • 조정대상지역지정직전월로부터 소급하여 (ㄴ)개월간의 평균 미분양주택(「주택법」 제15조 제1항에 따른 사업계획승인을 받아 입주자를 모집했으나 입주자가 선정되지 않은 주택을 말한다)의 수가 직전 연도의 같은 기간보다 2배 이상인 지역

① ㄱ: 1, ㄴ: 3, ㄷ: 20　　　　② ㄱ: 1, ㄴ: 3, ㄷ: 30
③ ㄱ: 1, ㄴ: 6, ㄷ: 30　　　　④ ㄱ: 3, ㄴ: 3, ㄷ: 20
⑤ ㄱ: 3, ㄴ: 6, ㄷ: 20

해설 위축지역 : 조정대상지역지정직전월부터 소급하여 6개월간의 평균 주택가격상승률이 마이너스 1퍼센트 이하인 지역으로서 다음에 해당하는 지역

㉮ 조정대상지역지정직전월부터 소급하여 3개월 연속 주택매매거래량이 직전 연도의 같은 기간보다 20퍼센트 이상 감소한 지역

㉯ 조정대상지역지정직전월부터 소급하여 3개월간의 평균 미분양주택(사업계획승인을 받아 입주자를 모집했으나 입주자가 선정되지 않은 주택)의 수가 직전 연도의 같은 기간보다 2배 이상인 지역

㉰ 해당 지역이 속하는 시·도의 주택보급률 또는 자가주택비율이 전국 평균을 초과하는 지역

답 ①

11 주택법령상 투기과열지구 및 조정대상지역에 관한 설명으로 옳은 것은?   ▾ 제29회 수정

① 국토교통부장관은 시·도별 주택보급률 또는 자가주택 비율이 전국 평균을 초과하는 지역을 투기과열지구로 지정할 수 있다.

② 국토교통부장관은 주택가격의 안정을 위하여 필요한 경우에는 중앙도시계획위원회의 심의를 거쳐 일정한 지역을 투기과열지구로 지정하거나 이를 해제할 수 있다.

③ 국토교통부장관은 2년마다 해당 지역의 주택가격 안정 여건의 변화 등을 고려하여 투기과열지구 지정의 유지 여부를 재검토하여야 한다.

④ 시·도지사는 주택의 분양·매매 등 거래가 위축될 우려가 있는 지역을 시·도 주거정책심의위원회의 심의를 거쳐 조정대상지역으로 지정할 수 있다.

⑤ 조정대상지역으로 지정된 지역의 시장·군수·구청장은 조정대상지역으로 유지할 필요가 없다고 판단되는 경우 국토교통부장관에게 그 지정의 해제를 요청할 수 있다.

해설
① 국토교통부장관은 시·도별 주택보급률 또는 자가주택 비율이 전국 평균 <u>이하</u>인 지역을 투기과열지구로 지정할 수 있다.
② 국토교통부장관은 주택가격의 안정을 위하여 필요한 경우에는 <u>주거정책심의위원회</u>의 심의를 거쳐 일정한 지역을 투기과열지구로 지정하거나 이를 해제할 수 있다.
③ 국토교통부장관은 <u>반기마다</u> 주거정책심의위원회의 회의를 소집하여 투기과열지구로 지정된 지역별로 해당 지역의 주택가격 안정 여건의 변화 등을 고려하여 투기과열지구 지정의 유지 여부를 재검토하여야 한다.
④ <u>국토교통부장관</u>은 주택의 분양·매매 등 거래가 위축될 우려가 있는 지역을 시·도 주거정책심의위원회의 심의를 거쳐 조정대상지역으로 지정할 수 있다.

答 ⑤

12 주택법령상 주택의 전매행위 제한에 관한 설명으로 **틀린** 것은? (단, 수도권은 수도권 정
비계획법에 의한 것임)   ﹀ 제27회 수정

① 전매제한기간은 주택의 수급 상황 및 투기 우려 등을 고려하여 지역별로 달리 정할
  수 있다.
② 사업주체가 수도권의 지역으로서 공공택지 외의 택지에서 건설·공급하는 주택을
  공급하는 경우에는 그 주택의 소유권을 제3자에게 이전할 수 없음을 소유권에 관한
  등기에 부기등기하여야 한다.
③ 세대원 전원이 2년 이상의 기간 해외에 체류하는 경우로서 사업주체의 동의를 받은
  경우에는 전매제한 주택을 전매할 수 있다.
④ 상속에 의하여 취득한 주택으로 세대원 전원이 이전하는 경우로서 사업주체의 동의
  를 받은 경우에는 전매제한 주택을 전매할 수 있다.
⑤ 공공택지 외의 택지에서 건설·공급되는 주택의 소유자가 국가에 대한 채무를 이행
  하지 못하여 공매가 시행되는 경우에는 사업주체의 동의 없이도 전매를 할 수 있다.

해설 수도권의 지역으로서 공공택지 외의 택지에서 건설·공급되는 주택의 소유자가 국가에 대한 채무를 이
행하지 못하여 공매가 시행되는 경우에는 사업주체의 <u>동의를 받은 경우</u>에는 전매를 할 수 있다.
                                                                            답 ⑤

13 주택법령상 주거정책심의위원회의 심의를 거치도록 규정되어 있는 것만을 모두 고른 것은?
                                                                            ﹀ 제30회

ㄱ. 「주택법」 제20조에 따라 시장·군수·구청장의 요청을 받아 국토교통부장관이 임대
   주택의 인수자를 지정하는 경우
ㄴ. 「주택법」 제58조에 따라 국토교통부장관이 분양가상한제 적용 지역을 지정하는 경우
ㄷ. 「주택법」 제63조에 따라 국토교통부장관이 투기과열지구의 지정을 해제하는 경우

① ㄴ   ② ㄱ, ㄴ
③ ㄱ, ㄷ   ④ ㄴ, ㄷ
⑤ ㄱ, ㄴ, ㄷ

해설
ㄱ. 시장·군수·구청장의 요청을 받아 국토교통부장관이 임대주택의 인수자를 지정하는 경우에는 <u>30일 이내</u>
  <u>에 인수자를 지정하여 시·도지사에게 통보</u>한다.
                                                                            답 ④

01 주택법령상 주택단지 전체를 대상으로 증축형 리모델링을 하기 위하여 리모델링주택조합을 설립하려는 경우 조합설립인가 신청 시 제출해야 할 첨부서류가 <u>아닌</u> 것은? (단, 조례는 고려하지 않음)　　　　　　　　　　　　　　　　　　　　　　　　　∀ 제26회

① 창립총회의 회의록

② 조합원 전원이 자필로 연명한 조합규약

③ 해당 주택 소재지의 100분의 80 이상의 토지에 대한 토지사용승낙서

④ 해당 주택이 사용검사를 받은 후 15년 이상 경과하였음을 증명하는 서류

⑤ 조합원 명부

해설 지역주택조합 또는 직장주택조합의 경우 첨부서류에 해당(리모델링주택조합×)

답 ③

02 주택법령상 공동주택의 리모델링에 관한 설명으로 <u>틀린</u> 것은? (단, 조례는 고려하지 않음)　　　　　　　　　　　　　　　　　　　　　　　　　　∀ 제25, 28회

① 입주자·사용자 또는 관리주체가 리모델링하려고 하는 경우에는 공사기간, 공사방법 등이 적혀 있는 동의서에 입주자 전체의 동의를 받아야 한다.

② 리모델링에 동의한 소유자는 입주자대표회의가 시장·군수·구청장에게 허가신청서를 제출한 이후에도 서면으로 동의를 철회할 수 있다.

③ 수직증축형 리모델링의 대상이 되는 기존 건축물의 층수가 15층 이상인 경우에는 3개층까지 증축할 수 있다.

④ 주택단지 전체를 리모델링하고자 하는 경우에는 주택단지 전체의 구분소유자와 의결권의 각 3분의 2 이상의 결의 및 각 동의 구분소유자와 의결권의 각 과반수의 결의를 얻어야 한다.

⑤ 증축형 리모델링을 하려는 자는 시장·군수·구청장에게 안전진단을 요청하여야 한다.

해설 리모델링에 동의한 소유자는 입주자대표회의가 시장·군수·구청장에게 허가신청서를 <u>제출하기 전까지</u> 서면으로 동의를 철회할 수 있다.

답 ②

03 주택법령상 공동주택의 리모델링에 관한 설명으로 틀린 것은? (단, 조례는 고려하지 않음)

▼ 제31회

① 입주자대표회의가 리모델링하려는 경우에는 리모델링설계개요, 공사비, 소유자의 비용분담 명세가 적혀 있는 결의서에 주택단지 소유자 전원의 동의를 받아야 한다.
② 공동주택의 입주자가 공동주택을 리모델링하려고 하는 경우에는 시장·군수·구청장의 허가를 받아야 한다.
③ 사업비에 관한 사항은 세대수가 증가되는 리모델링을 하는 경우 수립하여야 하는 권리변동계획에 포함되지 않는다.
④ 증축형 리모델링을 하려는 자는 시장·군수·구청장에게 안전진단을 요청하여야 한다.
⑤ 수직증축형 리모델링의 대상이 되는 기존 건축물의 층수가 12층인 경우에는 2개층까지 증축할 수 있다.

해설 권리변동계획
㉮ 리모델링 전후의 대지 및 건축물의 권리변동 명세
㉯ 조합원의 비용분담
㉰ <u>사업비</u>
㉱ 조합원 외의 자에 대한 분양계획

답 ③

04 주택법령상 리모델링 기본계획 수립절차에 관한 조문의 일부이다. ( )에 들어갈 숫자를 옳게 연결한 것은?

▼ 제27회

> 리모델링 기본계획을 수립하거나 변경하려면 (ㄱ)일 이상 주민에게 공람하고, 지방의회의 의견을 들어야 한다. 이 경우 지방의회는 의견제시를 요청받은 날부터 (ㄴ)일 이내에 의견을 제시하여야 한다.

① ㄱ: 7, ㄴ: 14   ② ㄱ: 10, ㄴ: 15
③ ㄱ: 14, ㄴ: 15   ④ ㄱ: 14, ㄴ: 30
⑤ ㄱ: 15, ㄴ: 30

해설 리모델링 기본계획을 수립하거나 변경하려면 (14)일 이상 주민에게 공람하고, 지방의회의 의견을 들어야 한다. 이 경우 지방의회는 의견제시를 요청받은 날부터 (30)일 이내에 의견을 제시하여야 한다.

답 ④

05 주택법령상 리모델링에 관한 설명으로 옳은 것은? (단, 조례는 고려하지 않음) 〜 제33회

① 대수선은 리모델링에 포함되지 않는다.

② 공동주택의 리모델링은 동별로 할 수 있다.

③ 주택단지 전체를 리모델링하고자 주택조합을 설립하기 위해서는 주택단지 전체의 구분소유자와 의결권의 각 과반수의 결의가 필요하다.

④ 공동주택 리모델링의 허가는 시·도지사가 한다.

⑤ 리모델링주택조합 설립에 동의한 자로부터 건축물을 취득하였더라도 리모델링주택조합 설립에 동의한 것으로 보지 않는다.

해설
① 리모델링이란 <u>대수선</u>과 증축
③ 주택단지 전체를 리모델링하고자 주택조합을 설립하기 위해서는 주택단지 <u>전체</u>의 구분소유자 및 의결권의 각 <u>3분의 2 이상</u>의 결의 및 각 동의 구분소유자와 의결권의 각 <u>과반수</u>의 결의가 필요하다.
④ 공동주택(부대시설과 복리시설을 포함)의 입주자·사용자 또는 관리주체가 공동주택을 리모델링하려고 하는 경우에는 허가와 관련된 면적, 세대수 또는 입주자 등의 동의 비율에 관하여 대통령령으로 정하는 기준 및 절차 등에 따라 <u>시장·군수·구청장의 허가</u>를 받아야 한다.
⑤ 리모델링주택조합 설립에 동의한 자로부터 건축물을 취득한 자는 <u>리모델링주택조합 설립에 동의한 것으로 본다.</u>

답 ②

06 주택법령상 리모델링에 관한 설명으로 틀린 것은? (단, 조례는 고려하지 않음) 〜 제34회

① 세대수 증가형 리모델링으로 인한 도시과밀, 이주수요집중 등을 체계적으로 관리하기 위하여 수립하는 계획을 리모델링 기본계획이라 한다.

② 리모델링에 동의한 소유자는 리모델링 결의를 한 리모델링주택조합이나 소유자 전원의 동의를 받은 입주자대표회의가 시장·군수·구청장에게 리모델링 허가신청서를 제출하기 전까지 서면으로 동의를 철회할 수 있다.

③ 특별시장·광역시장 및 대도시의 시장은 리모델링 기본계획을 수립하거나 변경한 때에는 이를 지체 없이 해당지방자치단체의 공보에 고시하여야 한다.

④ 수직증축형 리모델링의 설계자는 국토교통부장관이 정하여 고시하는 구조기준에 맞게 구조설계도서를 작성하여야 한다.

⑤ 대수선인 리모델링을 하려는 자는 시장·군수·구청장에게 안전진단을 요청하여야 한다.

해설 증축형 리모델링을 하려는 자는 시장·군수·구청장에게 안전진단을 요청하여야 하며, 안전진단을 요청받은 시장·군수·구청장은 해당 건축물의 증축 가능 여부의 확인 등을 위하여 <u>안전진단</u>을 실시하여야 한다.

답 ⑤

07 주택법상 청문을 하여야 하는 처분이 <u>아닌</u> 것은? (단, 다른 법령에 따른 청문은 고려하지 않음) ⌄ 제30회

① 공업화주택의 인정취소
② 주택조합의 설립인가취소
③ 주택건설 사업계획승인의 취소
④ 공동주택 리모델링허가의 취소
⑤ 주택건설사업의 등록말소

해설 주택법상 청문
㉮ 주택건설사업 등의 등록말소
㉯ 주택조합의 설립인가취소
㉰ 사업계획승인의 취소
㉱ 리모델링허가의 취소

답 ①

08 주택법령상 토지임대부 분양주택에 관한 설명으로 옳은 것은? ⌄ 제33회

① 토지임대부 분양주택의 토지에 대한 임대차기간은 50년 이내로 한다.
② 토지임대부 분양주택의 토지에 대한 임대차기간을 갱신하기 위해서는 토지임대부 분양주택 소유자의 3분의 2 이상이 계약갱신을 청구하여야 한다.
③ 토지임대료를 보증금으로 전환하여 납부하는 경우, 그 보증금을 산정할 때 적용되는 이자율은 「은행법」에 따른 은행의 3년 만기 정기예금 평균이자율 이상이어야 한다.
④ 토지임대부 분양주택을 공급받은 자가 토지임대부 분양주택을 양도하려는 경우에는 시·도지사에게 해당 주택의 매입을 신청하여야 한다.
⑤ 토지임대료는 분기별 임대료를 원칙으로 한다.

해설
① 토지임대부 분양주택의 토지에 대한 <u>임대차기간은 40년</u> 이내로 한다.
② 토지임대부 <u>분양주택 소유자의 75% 이상</u>이 계약갱신을 청구하는 경우 40년의 범위에서 이를 갱신할 수 있다.
④ 토지임대부 분양주택을 공급받은 자가 토지임대부 분양주택을 양도하려는 경우에는 <u>한국토지주택공사</u>에 해당 주택의 매입을 신청하여야 한다.
⑤ 토지임대료는 월별 임대료를 원칙으로 하되, 토지소유자와 주택을 공급받은 자가 합의한 경우 대통령령으로 정하는 바에 따라 임대료를 선납하거나 보증금으로 전환하여 납부할 수 있다.

답 ③

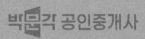공인중개사

농지법

01 농지법령상 농업에 종사하는 개인으로서 농업인에 해당하는 자는? ▼ 제28회

① 꿀벌 10군을 사육하는 자
② 가금 500수를 사육하는 자
③ 1년 중 100일을 축산업에 종사하는 자
④ 농산물의 연간 판매액이 100만원인 자
⑤ 농지에 300m²의 비닐하우스를 설치하여 다년생식물을 재배하는 자

해설 농업에 종사하는 개인
㉮ 1천m² 이상의 농지에서 농작물 또는 다년생식물을 경작 또는 재배하거나 1년 중 90일 이상 농업에 종사하는 자
㉯ 농지에 330m² 이상의 고정식온실·버섯재배사·비닐하우스, 그 밖의 농업생산에 필요한 시설을 설치하여 농작물 또는 다년생식물을 경작 또는 재배하는 자
㉰ 대가축 2두, 중가축 10두, 소가축 100두, 가금 1천수 또는 꿀벌 10군 이상을 사육하거나 1년 중 120일 이상 축산업에 종사하는 자
㉱ 농업경영을 통한 농산물의 연간 판매액이 120만원 이상인 자

답 ①

02 농지법령상 농지에 해당하는 것만을 모두 고른 것은? ▼ 제30회

> ㄱ. 대통령령으로 정하는 다년생식물 재배지로 실제로 이용되는 토지(「초지법」에 따라 조성된 초지 등 대통령령으로 정하는 토지는 제외)
> ㄴ. 관상용 수목의 묘목을 조경목적으로 식재한 재배지로 실제로 이용되는 토지
> ㄷ. 「공간정보의 구축 및 관리 등에 관한 법률」에 따른 지목이 답(畓)이고 농작물 경작지로 실제로 이용되는 토지의 개량시설에 해당하는 양·배수시설의 부지

① ㄱ   ② ㄱ, ㄴ
③ ㄱ, ㄷ   ④ ㄴ, ㄷ
⑤ ㄱ, ㄴ, ㄷ

해설 조경 또는 관상용 수목과 그 묘목(조경목적으로 식재한 것은 제외)는 농지에 해당한다.

답 ③

03 농지법령상 용어에 관한 설명으로 틀린 것은?   ⌄ 제27회

① 실제로 농작물 경작지로 이용되는 토지이더라도 법적 지목이 과수원인 경우는 '농지'에 해당하지 않는다.

② 소가축 80두 사육하면서 1년 중 150일을 축산업에 종사하는 개인은 '농업인'에 해당한다.

③ 3,000m²의 농지에서 농작물을 경작하면서 1년 중 80일을 농업에 종사하는 개인은 '농업인'에 해당한다.

④ 인삼의 재배지로 계속하여 이용되는 기간이 4년인 지목이 전(田)인 토지는 '농지'에 해당한다.

⑤ 농지 소유자가 타인에게 일정한 보수를 지급하기로 약정하고 농작업의 일부만을 위탁하여 행하는 농업경영도 '위탁경영'에 해당한다.

해설 전·답, <u>과수원</u>, 그 밖에 법적 지목을 불문하고 <u>실제로 농작물 경작지</u>는 농지에 해당한다.

답 ①

04 농지법령상 농지취득자격증명을 발급받지 아니하고 농지를 취득할 수 있는 경우에 해당하지 <u>않은</u> 것은?   ⌄ 제26회

① 농업법인의 합병으로 농지를 취득하는 경우

② 농지를 농업인 주택의 부지로 전용하려고 농지전용신고를 한 자가 그 농지를 취득하는 경우

③ 공유농지의 분할로 농지를 취득하는 경우

④ 상속으로 농지를 취득하는 경우

⑤ 시효의 완성으로 농지를 취득하는 경우

해설 농지취득자격증명을 발급받지 아니하고 농지를 취득할 수 있다.
㉮ 국가나 지방자치단체가 농지를 소유하는 경우
㉯ <u>상속</u>으로 농지를 취득하여 소유하는 경우
㉰ 담보농지를 취득하여 소유하는 경우
㉱ 농지전용협의를 마친 농지를 소유하는 경우
㉲ 한국농어촌공사가 농지를 취득하여 소유하는 경우와 토지수용으로 농지를 취득하여 소유하는 경우 등
㉳ 농업법인의 <u>합병</u>으로 농지를 취득하는 경우
㉴ 공유 농지의 <u>분할</u>이나 <u>시효완성</u>, 환매권, 농업이용증진사업시행계획으로 정하는 경우

답 ②

05 농지법령상 농지취득자격증명을 발급받지 아니하고 농지를 취득할 수 있는 경우가 <u>아닌</u> 것은?   ▼ 제32회

① 시효의 완성으로 농지를 취득하는 경우
② 공유 농지의 분할로 농지를 취득하는 경우
③ 농업법인의 합병으로 농지를 취득하는 경우
④ 국가나 지방자치단체가 농지를 소유하는 경우
⑤ 주말·체험영농을 하려고 농업진흥지역 외의 농지를 소유하는 경우

해설 주말·체험영농을 하려고 농업진흥지역 외의 농지를 소유하는 경우는 발급제외대상이 아니다.

답 ⑤

06 농지법령상 주말·체험영농을 하려고 농지를 소유하는 경우에 관한 설명으로 <u>틀린</u> 것은?   ▼ 제26회

① 농업인이 아닌 개인도 농지를 소유할 수 있다.
② 세대원 전부가 소유한 면적을 합하여 총 1천 제곱미터 미만의 농지를 소유할 수 있다.
③ 농지를 취득하려면 농지취득자격증명을 발급받아야 한다.
④ 소유 농지를 농수산물 유통·가공시설의 부지로 전용하려면 농지전용신고를 하여야 한다.
⑤ 농지를 취득한 자가 징집으로 인하여 그 농지를 주말·체험영농에 이용하지 못하게 되면 1년 이내에 그 농지를 처분하여야 한다.

해설 주말·체험영농은 농지를 취득한 자가 자연재해·농지개량·질병(징집×)으로 인한 경우는 1년 이내 농지를 처분하여야 한다.

답 ⑤

07 농지법령상 농업경영에 이용하지 아니하는 농지의 처분의무에 관한 설명으로 옳은 것은?

☞ 제25회

① 농지 소유자가 선거에 따른 공직취임으로 휴경하는 경우에는 소유농지를 자기의 농업경영에 이용하지 아니하더라도 농지처분의무가 면제된다.
② 농지 소유 상한을 초과하여 농지를 소유한 것이 판명된 경우에는 소유농지 전부를 처분하여야 한다.
③ 농지처분의무 기간은 처분사유가 발생한 날부터 6개월이다.
④ 농지전용신고를 하고 그 농지를 취득한 자가 질병으로 인하여 취득한 날부터 2년이 초과하도록 그 목적사업에 착수하지 아니한 경우에는 농지처분의무가 면제된다.
⑤ 농지 소유자가 시장·군수 또는 구청장으로부터 농지처분명령을 받은 경우 한국토지주택공사에 그 농지의 매수를 청구할 수 있다.

해설
② 농지 소유 상한을 초과하여 농지를 소유한 것이 판명된 경우에는 소유상환을 초과하는 부분만 처분하여야 한다.
③ 농지처분의무 기간은 처분사유가 발생한 날부터 1년이다.
④ 농지전용신고를 하고 그 농지를 취득한 자가 질병으로 인하여 취득한 날부터 2년이 초과하도록 그 목적사업에 착수하지 아니한 경우에는 농지를 처분하여야 한다.
⑤ 농지 소유자가 시장·군수 또는 구청장으로부터 농지처분명령을 받은 경우 한국농어촌공사에 그 농지의 매수를 청구할 수 있다.

답 ①

08 농지법령상 농지는 자기의 농업경영에 이용하거나 이용할 자가 아니면 소유하지 못함이 원칙이다. 그 예외에 해당하지 <u>않는</u> 것은? ▼ 제33회

① 8년 이상 농업경영을 하던 사람이 이농한 후에도 이농 당시 소유 농지 중 1만 제곱미터를 계속 소유하면서 농업경영에 이용되도록 하는 경우
② 농림축산식품부장관과 협의를 마치고 「공익사업을 위한 토지 등의 취득 및 보상에 관한 법률」에 따라 농지를 취득하여 소유하면서 농업경영에 이용되도록 하는 경우
③ 「공유수면 관리 및 매립에 관한 법률」에 따라 매립농지를 취득하여 소유하면서 농업경영에 이용되도록 하는 경우
④ 주말·체험영농을 하려고 농업진흥지역 내의 농지를 소유하는 경우
⑤ 「초·중등교육법」 및 「고등교육법」에 따른 학교가 그 목적사업을 수행하기 위하여 필요한 연구지·실습지로 쓰기 위하여 농림축산식품부령으로 정하는 바에 따라 농지를 취득하여 소유하는 경우

해설 다음에 해당하는 경우에는 자기의 농업경영에 이용하지 아니할지라도 농지를 소유할 수 있다.
㉮ 국가나 지방자치단체가 농지를 소유하는 경우
㉯ 학교, 농림축산식품부령으로 정하는 공공단체·농업연구기관·농업생산자단체 또는 종묘나 그 밖의 농업기자재 생산자가 그 목적사업을 수행하기 위하여 필요한 시험지·연구지·실습지·종묘생산지 또는 과수 인공수분용 꽃가루 생산지로 쓰기 위하여 농림축산식품부령으로 정하는 바에 따라 농지를 취득하여 소유하는 경우
㉰ 주말·체험영농을 하려고 <u>농업진흥지역 외</u>의 농지를 소유하는 경우
㉱ <u>상속</u>으로 농지를 취득하여 소유하는 경우
㉲ <u>8년 이상 농업경영을 하던 사람이 이농(離農)</u>한 후에도 이농 당시 소유하고 있던 농지를 계속 소유하는 경우
㉳ <u>담보농지</u>를 취득하여 소유하는 경우
㉴ 농지전용허가를 받거나 농지전용신고를 한 자가 그 농지를 소유하는 경우
㉵ 농지전용협의를 마친 농지를 소유하는 경우
㉶ 농지의 개발사업지구에 있는 농지로서 대통령령으로 정하는 1천500제곱미터 미만의 농지나 농지를 취득하여 소유하는 경우

답 ④

위탁경영 & 대리경작 & 임대차

01 농지법령상 농지의 소유자가 소유 농지를 위탁경영할 수 없는 경우만을 모두 고른 것은?

↳ 제25, 29, 30회 수정

> ㄱ. 부상으로 2개월간의 치료가 필요한 경우
> ㄴ. 6개월간 대한민국 전역을 일주하는 여행 중인 경우
> ㄷ. 선거에 따른 공직취임으로 자경할 수 없는 경우

① ㄱ
② ㄴ
③ ㄱ, ㄴ
④ ㄴ, ㄷ
⑤ ㄱ, ㄴ, ㄷ

해설 소유 농지를 위탁경영
㉮ 「병역법」에 따라 징집 또는 소집된 경우
㉯ 3개월 이상 국외 여행 중인 경우
㉰ 농업법인이 청산 중인 경우
㉱ 질병, 취학, <u>선거에 따른 공직 취임</u>, 부상으로 3월 이상의 치료가 필요, 교도소·구치소 또는 보호감호시설에 수용 중인 경우
㉲ 농지이용증진사업 시행계획에 따라 위탁경영하는 경우
㉳ 농업인이 자기 노동력이 부족하여 농작업의 일부를 위탁하는 경우
㉴ 벼·과수·다년생식물에 해당하는 농작업에 1년 중 30일 이상 직접 종사하는 경우

답 ③

02 농지법령상 농지 소유자가 소유 농지를 위탁경영할 수 있는 경우가 <u>아닌</u> 것은? ↳ 제34회
① 선거에 따른 공직 취임으로 자경할 수 없는 경우
② 「병역법」에 따라 징집 또는 소집된 경우
③ 농업법인이 청산 중인 경우
④ 농지이용증진사업 시행계획에 따라 위탁경영하는 경우
⑤ 농업인이 자기 노동력이 부족하여 농작업의 전부를 위탁하는 경우

해설 농업인이 자기 노동력이 부족하여 농작업의 <u>일부</u>를 위탁하는 경우는 위탁경영대상

답 ⑤

03 농지법령상 유휴농지에 대한 대리경작자의 지정에 관한 설명으로 옳은 것은? ⌄ 제32회

① 지력의 증진이나 토양의 개량·보전을 위하여 필요한 기간 동안 휴경하는 농지에 대하여도 대리경작자를 지정할 수 있다.

② 대리경작자 지정은 유휴농지를 경작하려는 농업인 또는 농업법인의 신청이 있을 때에만 할 수 있고, 직권으로는 할 수 없다.

③ 대리경작자가 경작을 게을리하는 경우에는 대리경작 기간이 끝나기 전이라도 대리경작자 지정을 해지할 수 있다.

④ 대리경작 기간은 3년이고, 이와 다른 기간을 따로 정할 수 없다.

⑤ 농지 소유권자를 대신할 대리경작자만 지정할 수 있고, 농지 임차권자를 대신할 대리경작자를 지정할 수는 없다.

> **해설**
> ① 지력의 증진이나 토양의 개량·보전을 위하여 필요한 기간 동안 휴경하는 농지에 대하여도 대리경작자를 지정할 수 <u>없다</u>.
> ② 대리경작자 지정은 유휴농지를 경작하려는 농업인 또는 농업법인의 신청이 있을 때에만 할 수 있고, 직권으로는 할 수 <u>있다</u>.
> ④ <u>대리경작 기간은 따로 정하지 아니하면 3년으로 한다</u>.
> ⑤ 농지 임차권자를 대신할 대리경작자를 지정할 수는 <u>있다</u>.

정답 ③

04 농지법령상 ( ) 안에 알맞은 것을 나열한 것은? ⌄ 제23회

> • 유휴농지를 대리경작하는 경우 대리경작자는 수확량의 (ㄱ)을 그 농지의 소유권자나 임차권자에게 토지사용료로 지급하여야 한다.
> • 농업법인이란 「농어업경영체 육성 및 지원에 관한 법률」에 따라 설립된 영농조합법인과 같은 법에 따라 설립되고 업무집행권을 가진 자 중 (ㄴ) 이상이 농업인인 농업회사법인을 말한다.

① ㄱ: 100분의 10, ㄴ: 4분의 1   ② ㄱ: 100분의 10, ㄴ: 3분의 1

③ ㄱ: 100분의 20, ㄴ: 4분의 1   ④ ㄱ: 100분의 20, ㄴ: 3분의 1

⑤ ㄱ: 100분의 30, ㄴ: 2분의 1

> **해설**
> • 유휴농지를 대리경작하는 경우 대리경작자는 수확량의 (100분의 10)을 그 농지의 소유권자나 임차권자에게 토지사용료로 지급하여야 한다.
> • 농업법인이란 「농어업경영체 육성 및 지원에 관한 법률」에 따라 설립된 영농조합법인과 같은 법에 따라 설립되고 업무집행권을 가진 자 중 (3분의 1) 이상이 농업인인 농업회사법인을 말한다.

정답 ②

05 농지법령상 조문의 일부이다. 다음 (   )에 들어갈 숫자를 옳게 연결한 것은?

✈ 제28회 수정

> ㄱ. 유휴농지의 대리경작자는 수확량의 100분의 (ㄱ)을 농림축산식품부령으로 정하는 바에 따라 그 농지의 소유권자나 임차권자에게 토지사용료로 지급하여야 한다.
> ㄴ. 농업진흥지역 밖의 농지를 농지전용허가를 받지 아니하고 전용한 자는 3년 이하의 징역 또는 해당 토지가액의 100분의 (ㄴ)에 해당하는 금액 이하의 벌금에 처한다.
> ㄷ. 군수는 처분명령을 받은후 정당한 사유 없이 지정기간까지 그 처분명령을 이행하지 아니한 자에게 해당 농지의 토지가액의 100분의 (ㄷ)에 해당하는 이행강제금을 부과한다.

① ㄱ: 10, ㄴ: 25, ㄷ: 50   ② ㄱ: 10, ㄴ: 50, ㄷ: 25
③ ㄱ: 25, ㄴ: 10, ㄷ: 50   ④ ㄱ: 25, ㄴ: 50, ㄷ: 10
⑤ ㄱ: 50, ㄴ: 10, ㄷ: 25

해설
ㄱ. 유휴농지의 대리경작자는 수확량의 100분의 (10)을 농림축산식품부령으로 정하는 바에 따라 그 농지의 소유권자나 임차권자에게 토지사용료로 지급하여야 한다.
ㄴ. 농업진흥지역 밖의 농지를 농지전용허가를 받지 아니하고 전용한 자는 3년 이하의 징역 또는 해당 토지가액의 100분의 (50)에 해당하는 금액 이하의 벌금에 처한다.
ㄷ. 군수는 처분명령을 받은후 정당한 사유 없이 지정기간까지 그 처분명령을 이행하지 아니한 자에게 해당 농지의 토지가액의 100분의 (25)에 해당하는 이행강제금을 부과한다.

답 ②

06 농지법령상 농지의 임대차에 관한 설명으로 틀린 것은? (단, 농업경영을 하려는 자에게 임대하는 경우를 전제로 함) ▼ 제31회

① 60세 이상 농업인의 자신이 거주하는 시·군에 있는 소유 농지 중에서 자기의 농업 경영에 이용한 기간이 5년이 넘은 농지를 임대할 수 있다.

② 농지를 임차한 임차인이 그 농지를 정당한 사유 없이 농업경영에 사용하지 아니할 때에는 시장·군수·구청장은 임대차의 종료를 명할 수 있다.

③ 임대차계약은 그 등기가 없는 경우에도 임차인이 농지소재지를 관할하는 시·구· 읍·면의 장의 확인을 받고, 해당 농지를 인도받은 경우에는 그 다음 날부터 제3자에 대하여 효력이 생긴다.

④ 농지의 임차인이 농작물의 재배시설로서 비닐하우스를 설치한 농지의 임대차기간은 10년 이상으로 하여야 한다.

⑤ 농지임대차조정위원회에서 작성한 조정안을 임대차계약 당사자가 수락한 때에는 이 를 당사자 간에 체결된 계약의 내용으로 본다.

해설 농지의 임차인이 농작물의 재배시설로서 비닐하우스를 설치한 농지의 임대차기간은 <u>5년 이상</u>으로 하여 야 한다.

답 ④

07 농지법령상 농지를 임대하거나 무상사용하게 할 수 있는 요건 중 일부이다. (　)에 들어 갈 숫자로 옳은 것은? ▼ 제34회

> • (ㄱ)세 이상인 농업인이 거주하는 시·군에 있는 소유 농지 중에서 자기의 농업경 영에 이용한 기간이 (ㄴ)년이 넘은 농지
> • (ㄷ)월 이상의 국외여행으로 인하여 일시적으로 농업경영에 종사하지 아니하게 된 자가 소유하고 있는 농지

① ㄱ: 55, ㄴ: 3, ㄷ: 3　　　　　② ㄱ: 60, ㄴ: 3, ㄷ: 5
③ ㄱ: 60, ㄴ: 5, ㄷ: 3　　　　　④ ㄱ: 65, ㄴ: 4, ㄷ: 5
⑤ ㄱ: 65, ㄴ: 5, ㄷ: 1

해설
• <u>60세 이상</u>인 사람으로서 대통령령으로 정하는 사람이 소유하고 있는 농지 중에서 자기의 농업경영에 이용 한 기간이 <u>5년</u>이 넘은 농지를 임대하거나 무상사용하게 하는 경우
• <u>3월 이상</u> 국외여행을 하는 경우

답 ③

08 농지법령상 국·공유재산이 아닌 A농지와 국유재산인 B농지를 농업경영을 하려는 자에게 임대차하는 경우에 관한 설명으로 옳은 것은? ⌄ 제27회

① A농지의 임대차계약은 등기가 있어야만 제3자에게 효력이 생긴다.

② 임대인이 취학을 이유로 A농지를 임대하는 경우 임대차기간은 3년 이상으로 하여야 한다.

③ 임대인이 질병을 이유로 A농지를 임대하였다가 같은 이유로 임대차계약을 갱신하는 경우 임대차기간은 3년 이상으로 하여야 한다.

④ A농지의 임차인이 그 농지를 정당한 사유 없이 농업경영에 사용하지 아니할 경우 농지소재지 읍·면장은 임대차의 종료를 명할 수 있다.

⑤ B농지의 임대차기간은 3년 미만으로 할 수 있다.

> **해설**
> ① A농지의 임대차계약은 그 등기가 없는 경우에도 임차인이 농지소재지를 관할하는 <u>시·구·읍·면의 장</u>의 확인을 받고, 해당 농지를 인도받은 경우에는 그 다음 날부터 제3자에 대하여 효력이 생긴다.
> ② 임대인이 취학을 이유로 A농지를 임대하는 경우 임대차기간은 <u>3년 미만</u>로 하여야 한다.
> ③ 임대인이 질병을 이유로 A농지를 임대하였다가 같은 이유로 임대차계약을 갱신하는 경우 임대차기간은 <u>3년 미만</u>으로 하여야 한다.
> ④ A농지의 임차인이 그 농지를 정당한 사유 없이 농업경영에 사용하지 아니할 경우 농지소재지 <u>시장·군수·구청장</u>은 임대차의 종료를 명할 수 있다.
>
> 답 ⑤

09 농지법령상 농지의 대리경작 및 임대차에 관한 설명으로 틀린 것은? ⌄ 제21회

① 유휴농지의 대리경작기간은 따로 정하지 아니하면 3년으로 한다.

② 농업경영을 하려는 자에게 농지를 임대하는 경우 서면계약을 원칙으로 한다.

③ 임대농지의 양수인은 「농지법」에 따른 임대인의 지위를 승계한 것으로 본다.

④ 지력의 증진을 위하여 필요한 기간 동안 휴경하는 농지에 대하여는 대리경작자를 지정할 수 없다.

⑤ 자기의 농업경영을 위해 농지를 소유하는 자는 주말·체험영농을 하려는 자에게 임대하는 것을 업(業)으로 하는 자에게 자신의 농지를 임대할 수 없다.

> **해설** 자기의 농업경영을 위해 농지를 소유하는 자는 주말·체험영농을 하려는 자에게 임대하는 것을 업(業)으로 하는 자에게 자신의 농지를 임대할 수 있다.
>
> 답 ⑤

Chapter 25

농지의 이용 & 농지의 보전 & 농지전용

01 농지법령상 농업진흥지역을 지정할 수 <u>없는</u> 지역은? ⊻ 제31회

① 특별시의 녹지지역　　　　　　② 특별시의 관리지역
③ 광역시의 관리지역　　　　　　④ 광역시의 농림지역
⑤ 군의 자연환경보전지역

해설 특별시의 녹지지역은 농업진흥지역의 <u>지정 대상</u>에 해당하지 않는다.

답 ①

02 농지법령상 농지의 전용에 관한 설명으로 옳은 것은? ⊻ 제29회

① 과수원인 토지를 재해로 인한 농작물의 피해를 방지하기 위한 방풍림 부지로 사용하는 것은 농지의 전용에 해당하지 않는다.
② 전용허가를 받은 농지의 위치를 동일 필지 안에서 변경하는 경우에는 농지전용신고를 하여야 한다.
③ 산지전용허가를 받지 아니하고 불법으로 개간한 농지라도 이를 산림으로 복구하려면 농지전용허가를 받아야 한다.
④ 농지를 농업인 주택의 부지로 전용하려는 경우에는 농림축산부장관에게 농지전용신고를 하여야 한다.
⑤ 농지전용신고를 하고 농지를 전용하는 경우에는 농지를 전·답·과수원 외의 지목으로 변경하지 못한다.

해설
② 전용허가를 받은 농지의 위치를 동일 필지 안에서 변경하는 경우에는 농지전용<u>허가</u>를 하여야 한다.
③ 산지전용허가를 받지 아니하고 불법으로 개간한 농지라도 이를 산림으로 복구하려면 <u>농지전용허가를 받을 필요가 없다</u>.
④ 농지를 농업인 주택의 부지로 전용하려는 경우에는 <u>시장·군수·구청장</u>에게 농지전용신고를 하여야 한다.
⑤ 농지전용신고를 하고 농지를 전용하는 경우에는 농지를 전·답·과수원 외의 지목으로 <u>변경할 수 있다</u>.

답 ①

03 농지법령상 농지의 타용도 일시사용신고를 할 수 있는 용도에 해당하지 <u>않는</u> 것은? (단, 일시사용기간은 6개월 이내이며, 신고의 다른 요건은 충족한 것으로 봄)   ❤ 제35회

① 썰매장으로 사용하는 경우

② 지역축제장으로 사용하는 경우

③ 해당 농지에서 허용되는 주목적사업을 위하여 물건을 매설하는 경우

④ 해당 농지에서 허용되는 주목적사업을 위하여 현장 사무소를 설치하는 경우

⑤ 「전기사업법」상 전기사업을 영위하기 위한 목적으로 「신에너지 및 재생에너지 개발·이용·보급 촉진법」에 따른 태양에너지 발전설비를 설치하는 경우

해설 농지를 썰매장, 지역축제장 등으로 일시사용하려는 자는 대통령령으로 정하는 바에 따라 지력을 훼손하지 아니하는 범위에서 일정 기간(6개월 이내) 사용한 후 농지로 원상복구한다는 조건으로 시장·군수 또는 구청장에게 신고하여야 한다.

농지의 범위	규 모
농한기에 썰매장으로 이용하는 부지	3천m² 이하
국가나 지방자치단체 또는 마을 주관의 지역축제장으로 이용하는 부지	3만m² 이하
건축허가 또는 건축신고 대상시설이 아닌 간이 농수축산업용 시설과 농수산물의 간이 처리 시설로 이용하는 부지	3천m² 이하
주(主)목적사업(해당 농지에서 허용되는 사업만 해당)을 위하여 현장 사무소나 부대시설, 그 밖에 이에 준하는 시설을 설치하거나 물건을 적치하거나 매설하는 경우에 해당하는 시설로 이용하는 부지	1천m² 이하

답 ⑤

04 농지법령상 농지대장에 관한 설명으로 틀린 것은?   ❤ 제33회

① 농지대장은 모든 농지에 대해 필지별로 작성하는 것은 아니다.

② 농지대장에 적을 사항을 전산정보처리조직으로 처리하는 경우 그 농지대장 파일은 농지대장으로 본다.

③ 시·구·읍·면의 장은 관할구역 안에 있는 농지가 농지전용허가로 농지에 해당하지 않게 된 경우에는 그 농지대장을 따로 편철하여 10년간 보존해야 한다.

④ 농지소유자 또는 임차인은 농지의 임대차계약이 체결된 경우 그 날부터 60일 이내에 시·구·읍·면의 장에게 농지대장의 변경을 신청하여야 한다.

⑤ 농지대장의 열람은 해당 시·구·읍·면의 사무소 안에서 관계공무원의 참여 하에 해야 한다.

해설 농지대장(農地臺帳)은 모든 농지에 대해 필지별로 작성한다.

답 ①

PART

05

도시개발법

Chapter
26
개발계획 수립 및 지정

01 도시개발법령상 도시개발구역을 지정한 후에 개발계획을 수립할 수 있는 경우가 <u>아닌</u> 것은?

제26회 수정

① 개발계획을 공모하는 경우
② 자연녹지지역에 도시개발구역을 지정할 때
③ 도시지역 외의 지역에 도시개발구역을 지정할 때
④ 국토교통부장관이 지역균형발전을 위하여 관계 중앙행정기관의 장과 협의하여 상업지역에 도시개발구역을 지정할 때
⑤ 해당 도시개발구역에 포함되는 주거지역이 전체 도시개발구역 지정 면적의 100분의 40인 지역을 도시개발구역으로 지정할 때

해설 도시개발구역을 지정한 후에 개발계획 수립
㉮ 자연녹지지역
㉯ 생산녹지지역(생산녹지지역이 도시개발구역 지정면적의 100분의 30 이하인 경우)
㉰ 도시지역 외의 지역
㉱ 국토교통부장관이 지역균형발전을 위하여 관계 중앙행정기관의 장과 협의하여 도시개발구역으로 지정하려는 지역(자연환경보전지역은 제외)
㉲ 해당 도시개발구역에 포함되는 주거지역·상업지역·공업지역의 면적의 합계가 전체 도시개발구역 지정 면적의 <u>100분의 30 이하인</u> 지역

정답 ⑤

02 도시개발법령상 환지 방식의 도시개발사업에 대한 개발계획 수립에 필요한 동의자의 수를 산정하는 방법으로 옳은 것은?   ☡ 제35회

① 도시개발구역의 토지면적을 산정하는 경우 : 국공유지를 제외하고 산정할 것

② 1인이 둘 이상 필지의 토지를 단독으로 소유한 경우 : 필지의 수에 관계없이 토지 소유자를 1인으로 볼 것

③ 둘 이상 필지의 토지를 소유한 공유자가 동일한 경우 : 공유자 각각을 토지 소유자 1인으로 볼 것

④ 1필지의 토지 소유권을 여럿이 공유하는 경우 : 「집합건물의 소유 및 관리에 관한 법률」에 따른 구분소유자인지 여부와 관계없이 다른 공유자의 동의를 받은 대표 공유자 1인을 해당 토지 소유자로 볼 것

⑤ 도시개발구역의 지정이 제안된 후부터 개발계획이 수립되기 전까지의 사이에 토지 소유자가 변경된 경우 : 변경된 토지 소유자의 동의서를 기준으로 할 것

해설
① 도시개발구역의 토지면적을 산정하는 경우 : 국공유지를 포함하고 산정할 것
③ 둘 이상 필지의 토지를 소유한 공유자가 동일한 경우 : 다른 공유자의 동의를 받은 대표 공유자 1명만을 해당 토지 소유자로 볼 것
④ 1필지의 토지 소유권을 여럿이 공유하는 경우 : 「집합건물의 소유 및 관리에 관한 법률」에 따른 집합건물의 구분소유자는 각각을 토지 소유자 1명으로 본다.
⑤ 도시개발구역의 지정이 제안된 후부터 개발계획이 수립되기 전까지의 사이에 토지 소유자가 변경된 경우 : 기존 토지 소유자의 동의서를 기준으로 할 것

정답 ②

03 도시개발법령상 도시개발구역을 지정할 수 있는 자를 모두 고른 것은?   ☡ 제32회

ㄱ. 시 · 도지사	ㄴ. 대도시 시장
ㄷ. 국토교통부장관	ㄹ. 한국토지주택공사

① ㄱ
② ㄴ, ㄹ
③ ㄷ, ㄹ
④ ㄱ, ㄴ, ㄷ
⑤ ㄱ, ㄴ, ㄷ, ㄹ

해설 특별시장 · 광역시장 · 도지사 · 특별자치도지사 또는 대도시 시장은 계획적인 도시개발이 필요하다고 인정되는 때에는 도시개발구역을 지정할 수 있다. 예외적으로는 국토교통부장관도 도시개발구역을 지정할 수 있다.

정답 ④

04 도시개발법령상 도시개발구역의 지정에 관한 설명으로 옳은 것은? ❤ 제26회 수정

① 서로 떨어진 둘 이상의 지역은 결합하여 하나의 도시개발구역으로 지정될 수 없다.

② 국가가 도시개발사업의 시행자인 경우 환지방식의 사업에 대한 개발계획을 수립하려면 토지소유자의 동의를 받아야 한다.

③ 광역시장이 개발계획을 변경하는 경우 군수 또는 구청장은 광역시장으로부터 송부받은 관계 서류를 일반인에게 공람시키지 않아도 된다.

④ 도시개발구역의 지정은 도시개발사업의 공사완료의 공고일에 해제된 것으로 본다.

⑤ 도시개발사업의 공사완료로 도시개발구역의 지정이 해제의제된 경우에는 도시개발구역의 용도지역은 해당도시개발구역 지정 전의 용도지역으로 환원되거나 폐지된 것으로 보지 아니한다.

해설
① 도시개발사업이 필요하다고 인정되는 지역이 둘 이상의 시·도 또는 대도시의 행정구역에 걸치는 경우에는 관계 시·도지사 또는 대도시 시장이 협의하여 도시개발구역을 지정할 자를 정한다.
② 지정권자는 도시개발사업의 시행자가 국가나 지방자치단체이면 토지 소유자의 동의를 받을 필요가 없다.
③ 지정권자는 도시개발구역을 지정하거나 개발계획을 수립한 경우에는 그 사항을 관보나 공보에 고시하고, 특별자치도지사·시장·군수 또는 구청장은 관계 서류를 14일 이상 일반인에게 공람시켜야 한다. 변경하는 경우에도 또한 같다.
④ 도시개발구역의 지정은 도시개발사업의 공사완료의 공고일 다음 날에 해제된 것으로 본다.

답 ⑤

05 도시개발법령상 도시개발구역의 지정에 관한 설명으로 틀린 것은? ❤ 제25회 수정

① 서울특별시와 광역시를 제외한 인구 50만 이상의 대도시의 시장은 도시개발구역을 지정할 수 있다.

② 자연녹지지역에서 도시개발구역으로 지정할 수 있는 규모는 3만 제곱미터 이상이어야 한다.

③ 계획관리지역에 도시개발구역을 지정할 때에는 도시개발구역을 지정한 후에 개발계획을 수립할 수 있다.

④ 지정권자가 도시개발사업을 환지방식으로 시행하려고 개발계획을 수립하는 경우 사업시행자가 지방자치단체이면 토지 소유자의 동의를 받을 필요가 없다.

⑤ 군수가 도시개발구역의 지정을 요청하려는 경우 도시계획위원회에 자문을 들어야 한다.

해설 자연녹지지역에서 도시개발구역으로 지정할 수 있는 규모는 1만 제곱미터 이상이어야 한다.

답 ②

06 도시개발법령상 도시개발구역으로 지정할 수 있는 대상 지역 및 규모에 관하여 ( )에 들어갈 숫자를 바르게 나열한 것은? ⌄ 제29회

> • 주거지역 및 상업지역: (ㄱ   )만 제곱미터 이상
> • 공업지역: (ㄴ   )만 제곱미터 이상
> • 자연녹지지역: (ㄷ   )만 제곱미터 이상
> • 도시개발구역 지정면적의 100분의 30 이하인 생산녹지지역: (ㄹ   )만 제곱미터 이상

① ㄱ: 1, ㄴ: 1, ㄷ: 1, ㄹ: 3
② ㄱ: 1, ㄴ: 3, ㄷ: 1, ㄹ: 1
③ ㄱ: 1, ㄴ: 3, ㄷ: 3, ㄹ: 1
④ ㄱ: 3, ㄴ: 1, ㄷ: 3, ㄹ: 3
⑤ ㄱ: 3, ㄴ: 3, ㄷ: 1, ㄹ: 1

해설
• 주거지역 및 상업지역: (1)만 제곱미터 이상
• 공업지역: (3)만 제곱미터 이상
• 자연녹지지역: (1)만 제곱미터 이상
• 도시개발구역 지정면적의 100분의 30 이하인 생산녹지지역: (1)만 제곱미터 이상

답 ②

07 도시개발법령상 국토교통부장관이 도시개발구역을 지정할 수 있는 경우가 <u>아닌</u> 것은? ⌄ 제26회

① 국가가 도시개발사업을 실시할 필요가 있는 경우
② 산업통상자원부장관이 10만 제곱미터 규모로 도시개발구역의 지정을 요청하는 경우
③ 지방공사의 장이 30만 제곱미터 규모로 도시개발구역의 지정을 요청하는 경우
④ 한국토지주택공사 사장이 30만 제곱미터 규모로 국가계획과 밀접한 관련이 있는 도시개발구역의 지정을 제안하는 경우
⑤ 천재·지변으로 인하여 도시개발사업을 긴급하게 할 필요가 있는 경우

해설 공공기관의 장(한국토지주택공사, 한국수자원공사, 한국농어촌공사, 한국관광공사, 한국철도공사, 매입공공기관) 또는 정부출연기관의 장(국가철도공단, 제주국제자유도시개발센터)은 30만m² 이상으로서 국가계획과 밀접한 관련이 있는 경우 국토교통부장관에게 직접 도시개발구역의 지정을 제안할 수 있다.[지방공사×]

답 ③

08 도시개발법령상 국토교통부장관이 도시개발구역을 지정할 수 있는 경우에 해당하지 <u>않는</u> 것은?   ▼ 제33회

① 국가가 도시개발사업을 실시할 필요가 있는 경우

② 관계 중앙행정기관의 장이 요청하는 경우

③ 한국토지주택공사 사장이 20만 제곱미터의 규모로 국가계획과 밀접한 관련이 있는 도시개발구역의 지정을 제안하는 경우

④ 천재지변, 그 밖의 사유로 인하여 도시개발사업을 긴급하게 할 필요가 있는 경우

⑤ 도시개발사업이 필요하다고 인정되는 지역이 둘 이상의 도의 행정구역에 걸치는 경우에 도시개발구역을 지정할 자에 관하여 관계 도지사 간에 협의가 성립되지 아니하는 경우

해설 다음에 해당하는 경우 국토교통부장관이 도시개발구역을 지정할 수 있다.
㉮ 국가가 도시개발사업을 실시할 필요가 있는 경우
㉯ 관계 중앙행정기관의 장(장관)이 요청하는 경우
㉰ <u>공공기관의 장(공사) 또는 정부출연기관의 장(공단)</u>이 <u>30만m² 이상</u>으로서 국가계획과 밀접한 관련이 있는 도시개발구역의 지정을 제안하는 경우
㉱ 시·도지사 또는 대도시 시장의 협의가 성립되지 아니하는 경우
㉲ 천재지변, 그 밖의 사유로 인하여 도시개발사업을 긴급하게 할 필요가 있는 경우

답 ③

09 도시개발법령상 도시개발구역의 지정에 관한 설명으로 옳은 것은? (단, 특례는 고려하지 않음) ⌄ 제30회

① 대도시 시장은 직접 도시개발구역을 지정할 수 없고, 도지사에게 그 지정을 요청하여야 한다.

② 도시개발사업이 필요하다고 인정되는 지역이 둘 이상의 도의 행정구역에 걸치는 경우에는 해당 면적이 더 넓은 행정구역의 도지사가 도시개발구역을 지정하여야 한다.

③ 천재지변으로 인하여 도시개발사업을 긴급하게 할 필요가 있는 경우 국토교통부장관이 도시개발구역을 지정할 수 있다.

④ 도시개발구역의 총 면적이 1만 제곱미터 미만인 경우 둘 이상의 사업시행지구로 분할하여 지정할 수 있다.

⑤ 자연녹지지역에서 도시개발구역을 지정한 이후 도시개발사업의 계획을 수립하는 것은 허용되지 아니한다.

해설
① 대도시 시장은 직접 도시개발구역을 지정할 수 있다.
② 도시개발사업이 필요하다고 인정되는 지역이 둘 이상의 시·도 또는 대도시의 행정구역에 걸치는 경우에는 관계 시·도지사 또는 대도시 시장이 협의하여 도시개발구역을 지정할 자를 정한다.
④ 도시개발구역을 둘 이상의 사업시행지구로 분할하는 경우 분할 후 사업시행지구의 면적은 각각 1만 제곱미터 이상이어야 한다.
⑤ 자연녹지지역에서 도시개발구역을 지정한 이후 도시개발사업의 계획을 수립할 수 있다.

답 ③

10 도시개발법령상 도시개발구역 지정권자가 도시개발사업 시행자를 변경할 수 있는 경우가 아닌 것은? ⌄ 제28회

① 시행자가 도시개발사업에 관한 실시계획의 인가를 받은 후 2년 이내에 사업을 착수하지 아니한 경우

② 행정처분으로 시행자의 지정이 취소된 경우

③ 도시개발구역의 전부를 환지 방식으로 시행하는 시행자가 도시개발구역 지정의 고시일로부터 6개월 이내에 실시계획 인가를 신청하지 아니한 경우

④ 시행자의 부도·파산으로 도시개발사업의 목적을 달성하기 어렵다고 인정되는 경우

⑤ 행정처분으로 실시계획의 인가가 취소된 경우

해설 도시개발구역의 전부를 환지 방식으로 시행하는 시행자가 도시개발구역 지정의 고시일로부터 1년 이내에 실시계획 인가를 신청하지 아니한 경우

답 ③

11 도시개발법령상 지정권자가 '도시개발구역 전부를 환지 방식으로 시행하는 도시개발사업'을 '지방자치단체의 장이 집행하는 공공시설에 관한 사업'과 병행하여 시행할 필요가 있다고 인정하는 경우, 이 도시개발사업의 시행자로 지정될 수 <u>없는</u> 자는? (단, 지정될 수 있는 자가 도시개발구역의 토지 소유자는 아니며, 다른 법령은 고려하지 않음)

▼ 제30회

① 국가
② 지방자치단체
③ 「지방공기업법」에 따른 지방공사
④ 「한국토지주택공사법」에 따른 한국토지주택공사
⑤ 「자본시장과 금융투자업에 관한 법률」에 따른 신탁업자 중 「주식회사 등의 외부감사에 관한 법률」 제4조에 따른 외부감사의 대상이 되는 자

해설 다음에 해당하는 사유가 있으면 지방자치단체나 한국토지주택공사, 지방공사와 신탁업자(지방자치단체 등)를 시행자로 지정할 수 있다.[국가×]
㉮ 토지 소유자나 조합이 개발계획의 수립·고시일부터 1년 이내에 시행자 지정을 신청하지 아니한 경우 또는 지정권자가 신청된 내용이 위법하거나 부당하다고 인정한 경우
㉯ 지방자치단체의 장이 집행하는 공공시설에 관한 사업과 병행하여 시행할 필요가 있다고 인정한 경우
㉰ 도시개발구역의 국·공유지를 제외한 토지면적의 2분의 1 이상에 해당하는 토지 소유자 및 토지 소유자 총수의 2분의 1 이상이 지방자치단체 등의 시행에 동의한 경우

답 ①

12 도시개발법령상 도시개발사업의 시행자인 지방자치단체가 「주택법」 제4조에 따른 주택건설사업자 등으로 하여금 대행하게 할 수 있는 도시개발사업의 범위에 해당하지 <u>않는</u> 것은?

▼ 제34회

① 실시설계   ② 부지조성공사
③ 기반시설공사   ④ 조성된 토지의 분양
⑤ 토지상환채권의 발행

해설 시행자(지방자치단체·공공기관·정부출연기관·지방공사)가 주택건설사업자 등에게 대행하게 할 수 있는 도시개발사업의 범위는 실시설계, 부지조성공사, 기반시설공사, 조성된 토지의 분양이 있다.
- 토지상환채권은 누구든지 발행하니 대행할 필요 없다.

답 ⑤

13 도시개발법령상 도시개발구역에서 허가를 받아야 할 행위로 명시되지 <u>않은</u> 것은? ☞ 제32회

① 토지의 합병   ② 토석의 채취
③ 죽목의 식재   ④ 공유수면의 매립
⑤ 「건축법」에 따른 건축물의 용도 변경

해설 개발행위허가대상
㉮ <u>건축물</u>(가설건축물 포함)의 건축, 대수선 또는 <u>용도 변경</u>
㉯ 공작물의 설치
㉰ 토지의 형질변경 : 절토·성토·정지·포장 등의 방법으로 토지의 형상을 변경하는 행위, 토지의 굴착 또는 <u>공유수면의 매립</u>
㉱ <u>토석의 채취</u>(토지의 형질 변경을 목적으로 하는 것은 ㉰에 따름)
㉲ 토지분할
㉳ 옮기기 쉽지 아니한 물건을 1개월 이상 쌓아놓는 행위
㉴ <u>죽목</u>(竹木)의 벌채 및 <u>식재</u>

答 ①

14 도시개발법령상 도시개발구역 지정의 해제에 관한 규정 내용이다. (   )에 들어갈 숫자를 바르게 나열한 것은? ☞ 제31회

> • 도시개발구역을 지정한 후 개발계획을 수립하는 경우에는 아래에 규정된 날의 다음 날에 도시개발구역의 지정이 해제된 것으로 본다.
> • 도시개발구역이 지정·고시된 날부터 (ㄱ)년이 되는 날까지 개발계획을 수립·고시하지 아니하는 경우에는 그 (ㄱ)년이 되는 날. 다만, 도시개발구역의 면적이 330만 제곱미터 이상인 경우에는 5년으로 한다.
> • 개발계획을 수립·고시한 날부터 (ㄴ)년이 되는 날까지 실시계획 인가를 신청하지 아니하는 경우에는 그 (ㄴ)년이 되는 날. 다만, 도시개발구역의 면적이 330만 제곱미터 이상인 경우에는 (ㄷ)년으로 한다.

① ㄱ : 2, ㄴ : 3, ㄷ : 3   ② ㄱ : 2, ㄴ : 3, ㄷ : 5
③ ㄱ : 3, ㄴ : 2, ㄷ : 3   ④ ㄱ : 3, ㄴ : 2, ㄷ : 5
⑤ ㄱ : 3, ㄴ : 3, ㄷ : 5

해설
• 도시개발구역을 지정한 후 개발계획을 수립하는 경우에는 아래에 규정된 날의 다음 날에 도시개발구역의 지정이 해제된 것으로 본다.
• 도시개발구역이 지정·고시된 날부터 (2)년이 되는 날까지 개발계획을 수립·고시하지 아니하는 경우에는 그 (2)년이 되는 날. 다만, 도시개발구역의 면적이 330만 제곱미터 이상인 경우에는 5년으로 한다.
• 개발계획을 수립·고시한 날부터 (3)년이 되는 날까지 실시계획 인가를 신청하지 아니하는 경우에는 그 (3) 년이 되는 날. 다만, 도시개발구역의 면적이 330만 제곱미터 이상인 경우에는 (5)년으로 한다.

答 ②

15 도시개발법령상 도시개발사업 시행자로 지정될 수 있는 자에 해당하지 <u>않는</u> 것은?

▼ 제33회

① 국가
② 「한국부동산원법」에 따른 한국부동산원
③ 「한국수자원공사법」에 따른 한국수자원공사
④ 「한국관광공사법」에 따른 한국관광공사
⑤ 「지방공기업법」에 따라 설립된 지방공사

해설 공공사업시행자
㉮ 국가나 지방자치단체
㉯ 공공기관(한국토지주택공사, 한국수자원공사, 한국농어촌공사, 한국관광공사, 한국철도공사, 매입공공기관)
㉰ 정부출연기관[한국철도시설공단(역세권개발사업시행 경우만), 제주국제자유도시개발센터]
㉱ 지방공사
→ 한국부동산원은 시행자 아님

답 ②

01 도시개발법령상 도시개발조합에 관한 설명으로 옳은 것은? ▼ 제31회

① 도시개발구역의 토지 소유자가 미성년자인 경우에는 조합의 조합원이 될 수 없다.

② 조합원은 보유토지의 면적과 관계없는 평등한 의결권을 가지므로, 공유 토지의 경우 공유자별로 의결권이 있다.

③ 조합은 도시개발사업 전부를 환지 방식으로 시행하는 경우에 도시개발사업의 시행 자가 될 수 있다.

④ 조합 설립의 인가를 신청하려면 해당 도시개발구역의 토지면적의 2분의 1 이상에 해당하는 토지 소유자와 그 구역의 토지 소유자 총수의 3분의 2 이상의 동의를 받아야 한다.

⑤ 토지 소유자가 조합 설립인가 신청에 동의하였다면 이후 조합 설립인가의 신청 전에 그 동의를 철회하였더라도 그 토지 소유자는 동의자 수에 포함된다.

해설

① 도시개발구역의 토지 소유자는 조합의 조합원이 될 수 있다.[미성년자 − 조합원]

② 조합원은 보유토지의 면적과 관계없는 평등한 의결권을 가지므로, 공유 토지의 경우는 집합건물의 구분소 유자가 아닌 경우는 다른 공유자의 동의를 받은 <u>대표 공유자 1명만</u>을 해당 토지 소유자로 본다.

④ 조합 설립의 인가를 신청하려면 해당 도시개발구역의 <u>토지면적의 3분의 2</u> 이상에 해당하는 토지 소유자와 그 구역의 토지 소유자 <u>총수의 2분의 1</u> 이상의 동의를 받아야 한다.

⑤ 토지 소유자가 조합 설립인가 신청에 동의하였다면 이후 조합 설립인가의 신청 전에 그 동의를 철회하였더 라도 그 토지 소유자는 동의자 수에 <u>제외</u>된다.

답 ③

02 도시개발법령상 도시개발사업을 위하여 설립하는 조합에 관한 설명으로 옳은 것은?

🔻 제29회

① 조합을 설립하려면 도시개발구역의 토지 소유자 7명 이상이 국토교통부장관에게 조합 설립의 인가를 받아야 한다.

② 조합이 인가받은 사항 중 주된 사무소의 소재지를 변경하려는 경우 변경인가를 받아야 한다.

③ 조합 설립의 인가를 신청하려면 해당 도시개발구역의 토지면적의 2분의 1 이상에 해당하는 토지 소유자와 그 구역의 토지 소유자 총수의 3분의 2 이상의 동의를 받아야 한다.

④ 금고 이상의 형을 선고받고 그 집행이 끝나지 아니한자는 조합원이 될 수 없다.

⑤ 의결권을 가진 조합원의 수가 100인인 조합은 총회의 권한을 대행하게 하기 위하여 대의원회를 둘 수 있다.

> **해설**
> ① 조합을 설립하려면 도시개발구역의 토지 소유자 7명 이상이 <u>지정권자에게</u> 조합 설립의 인가를 받아야 한다.
> ② 조합이 인가받은 사항 중 주된 사무소의 소재지를 변경하려는 경우는 경미한 사항을 변경하려는 경우에는 <u>신고하여야 한다.</u>
> ③ 조합 설립의 인가를 신청하려면 해당 도시개발구역의 토지<u>면적의 3분의 2</u> 이상에 해당하는 토지 소유자와 그 구역의 토지 소유자 <u>총수의 2분의 1</u> 이상의 동의를 받아야 한다.
> ④ 금고 이상의 형을 선고받고 그 집행이 끝나지 아니한자는 <u>조합임원이</u> 될 수 없다.[조합원×]
>
> 답 ⑤

03 도시개발법령상 도시개발사업의 시행에 관한 설명으로 틀린 것은?   🔻 제25회

① 도시개발사업의 시행자는 도시개발구역의 지정권자가 지정한다.

② 사업시행자는 도시개발사업의 일부인 도로, 공원 등 공공시설의 건설을 지방공사에 위탁하여 시행할 수 있다.

③ 조합을 설립하려면 도시개발구역의 토지 소유자 7명 이상이 정관을 작성하여 지정권자에게 조합설립의 인가를 받아야 한다.

④ 조합설립 인가신청을 위한 동의자 수 산정에 있어 도시개발구역의 토지면적은 국·공유지를 제외하고 산정한다.

⑤ 사업시행자가 도시개발사업에 관한 실시계획의 인가를 받은 후 2년 이내에 사업을 착수하지 아니하는 경우 지정권자는 시행자를 변경할 수 있다.

> **해설** 조합설립 인가신청을 위한 동의자 수 산정에 있어 도시개발구역의 토지면적은 국·공유지를 <u>포함</u>하고 산정한다.
>
> 답 ④

04 도시개발법령상 도시개발사업조합의 조합원에 관한 설명으로 옳은 것은? ▼ 제25회

① 조합원은 도시개발구역 내의 토지의 소유자 및 저당권자로 한다.

② 의결권이 없는 조합원도 조합의 임원이 될 수 있다.

③ 조합원으로 된 자가 금고 이상의 형의 선고를 받은 경우에는 그 사유가 발생한 다음 날부터 조합원의 자격을 상실한다.

④ 조합원은 도시개발구역 내에 보유한 토지면적에 비례하여 의결권을 가진다.

⑤ 조합원이 정관에 따라 부과된 부과금을 체납하는 경우 조합은 특별자치도지사·시장·군수 또는 구청장에게 그 징수를 위탁할 수 있다.

해설

① 조합원은 도시개발구역 내의 토지의 소유자로 한다.[저당권자×]

② 의결권이 없는 조합원은 조합의 임원이 될 수 <u>없다</u>.

③ 조합원으로 된 자가 금고 이상의 형의 선고를 받은 경우에는 그 사유가 발생한 다음 날부터 <u>조합임원의</u> 자격을 상실한다.

④ 조합원은 도시개발구역 내에 보유토지의 면적과 관계없는 <u>평등한 의결권</u>[비례×]을 가진다.

답 ⑤

05 도시개발법령상 도시개발사업 조합에 관한 설명으로 **틀린** 것은? ▼ 제27회

① 조합은 도시개발사업의 전부를 환지 방식으로 시행하는 경우 사업시행자가 될 수 있다.

② 조합을 설립하려면 도시개발구역의 토지 소유자 7명 이상이 정관을 작성하여 지정권자에게 조합 설립의 인가를 받아야 한다.

③ 조합이 작성하는 정관에는 도시개발구역의 면적이 포함되어야 한다.

④ 조합 설립의 인가를 신청하려면 국·공유지를 제외한 해당 도시개발구역의 토지면적의 3분의 2 이상에 해당하는 토지 소유자와 그 구역의 토지 소유자 총수의 2분의 1 이상의 동의를 받아야 한다.

⑤ 조합의 이사는 그 조합의 조합장을 겸할 수 없다.

해설 조합 설립의 인가를 신청하려면 국공유지를 <u>포함한</u> 해당 도시개발구역의 토지면적의 3분의 2 이상에 해당하는 토지 소유자와 그 구역의 토지 소유자 총수의 2분의 1 이상의 동의를 받아야 한다.

답 ④

06   **도시개발법령상 조합의 임원에 관한 설명으로 틀린 것은?**   ▼ 제24회

① 이사는 의결권을 가진 조합원이어야 한다.
② 이사는 그 조합의 조합장을 겸할 수 없다.
③ 감사의 선임은 총회의 의결을 거쳐야 한다.
④ 조합장은 총회·대의원회 또는 이사회의 의장이 된다.
⑤ 이사의 자기를 위한 조합과의 계약에 관하여는 조합장이 조합을 대표한다.

해설 조합장 또는 이사의 자기를 위한 조합과의 계약이나 소송에 관하여는 <u>감사가 조합을 대표한다.</u>
답 ⑤

07   **도시개발법령상 도시개발사업 조합에 관한 설명으로 옳은 것을 모두 고른 것은?**
▼ 제34회

> ㄱ. 금고 이상의 형을 선고받고 그 형의 집행유예기간 중에 있는 자는 조합의 임원이
>   될 수 없다.
> ㄴ. 조합이 조합 설립의 인가를 받은 사항 중 공고방법을 변경하려는 경우 지정권자로
>   부터 변경인가를 받아야 한다.
> ㄷ. 조합장 또는 이사의 자기를 위한 조합과의 계약이나 소송에 관하여는 대의원회가
>   조합을 대표한다.
> ㄹ. 의결권을 가진 조합원의 수가 50인 이상인 조합은 총회의 권한을 대행하게 하기 위
>   하여 대의원회를 둘 수 있으며, 대의원회에 두는 대의원의 수는 의결권을 가진 조
>   합원 총수의 100분의 10 이상으로 한다.

① ㄱ, ㄷ   ② ㄱ, ㄹ
③ ㄴ, ㄷ   ④ ㄱ, ㄴ, ㄹ
⑤ ㄴ, ㄷ, ㄹ

해설
ㄴ. 주된 사무소의 소재지를 변경하려는 경우, <u>공고방법을 변경하려는 경우에는 신고하여야</u> 한다.
ㄷ. <u>조합장 또는 이사의 자기를 위한 조합과의 계약이나 소송에 관하여는 감사가 조합을 대표</u>한다.
답 ②

08 도시개발법령상 도시개발조합 총회의 의결사항 중 대의원회가 총회의 권한을 대행할 수 있는 사항은? ⸰ 제23, 31회

① 정관의 변경
② 개발계획의 수립
③ 이사의 선임
④ 환지예정지의 지정
⑤ 조합의 합병에 관한 사항

해설 총회권한의 대행×
㉮ 정관의 변경
㉯ 개발계획의 수립 및 변경(경미한 변경 및 실시계획의 수립·변경은 제외)
㉰ 환지계획의 작성
㉱ 조합임원의 선임
㉲ 조합의 합병 또는 해산에 관한 사항(청산금의 징수·교부를 완료한 후에 조합을 해산하는 경우는 제외)

답 ④

09 도시개발법령상 도시개발사업 조합에 관한 설명으로 틀린 것은? ⸰ 제33회

① 조합은 그 주된 사무소의 소재지에서 등기를 하면 성립한다.
② 주된 사무소의 소재지를 변경하려면 지정권자로부터 변경인가를 받아야 한다.
③ 조합 설립의 인가를 신청하려면 해당 도시개발구역의 토지면적의 3분의 2 이상에 해당하는 토지 소유자와 그 구역의 토지 소유자 총수의 2분의 1 이상의 동의를 받아야 한다.
④ 조합의 조합원은 도시개발구역의 토지 소유자로 한다.
⑤ 조합의 설립인가를 받은 조합의 대표자는 설립인가를 받은 날부터 30일 이내에 주된 사무소의 소재지에서 설립등기를 하여야 한다.

해설 주된 사무소의 소재지를 변경하려면 지정권자에게 <u>변경신고</u>를 하여야 한다.

답 ②

10 도시개발법령상 도시개발사업 조합에 관한 설명으로 옳은 것은?   ⌄ 제35회

① 조합을 설립하려면 도시개발구역의 토지 소유자 10명 이상이 정관을 작성하여 지정권자에게 조합 설립의 인가를 받아야 한다.

② 조합이 설립인가를 받은 사항 중 청산에 관한 사항을 변경하려는 경우에는 지정권자에게 신고하여야 한다.

③ 다른 조합원으로부터 해당 도시개발구역에 그가 가지고 있는 토지 소유권 전부를 이전 받은 조합원은 정관으로 정하는 바에 따라 본래의 의결권과는 별도로 그 토지 소유권을 이전한 조합원의 의결권을 승계할 수 있다.

④ 조합은 총회의 권한을 대행하게 하기 위하여 대의원회를 두어야 한다.

⑤ 조합의 임원으로 선임된 자가 금고 이상의 형을 선고받으면 그 날부터 임원의 자격을 상실한다.

해설

① 조합을 설립하려면 도시개발구역의 토지 소유자 7명 이상이 정관을 작성하여 지정권자에게 조합 설립의 인가를 받아야 한다.

② 조합이 설립인가를 받은 사항 중 청산에 관한 사항을 변경하려는 경우에는 지정권자에게 변경인가 받아야 한다.

④ 의결권을 가진 조합원의 수가 50인 이상인 조합은 총회의 권한을 대행하게 하기 위하여 대의원회를 둘 수 있다.

⑤ 조합의 임원으로 선임된 자가 결격 사유에 해당하게 된 경우에는 그 다음 날부터 임원의 자격을 상실한다.

답 ③

Chapter 28

실시계획 & 도시개발사업시행

01 도시개발법령상 도시개발사업의 실시계획에 관한 설명으로 옳은 것은? ▼ 제29회수정

① 지정권자인 국토교통부장관이 실시계획을 작성하는 경우 시장·군수 또는 구청장의 의견을 미리 들어야 한다.

② 도시개발사업에 관한 지구단위계획에는 실시계획이 포함되어야 한다.

③ 실시계획을 고시한 경우 그 고시된 내용 중「국토의 계획 및 이용에 관한 법률」에 따라 도시·군관리계획(지구단위계획을 포함)으로 결정하여야 하는 사항은 같은 법에 따른 도시·군관리계획이 결정되어 고시된 것으로 본다.

④ 인가를 받은 실시계획 중 사업시행면적의 100분의 20이 감소된 경우 지정권자의 변경인가를 받을 필요가 없다.

⑤ 지정권자는 시행자가 도시개발구역 지정의 고시일부터 6개월 이내에 실시계획의 인가를 신청하지 아니하는 경우 시행자를 변경할 수 있다.

> **해설**
> ① 지정권자인 <u>도지사가</u> 실시계획을 작성하는 경우 시장·군수 또는 구청장의 의견을 미리 들어야 한다.
> ② 도시개발사업에 관한 실시계획에는 <u>지구단위계획이 포함</u>되어야 한다.
> ④ 인가를 받은 실시계획 중 사업시행면적의 <u>100분의 10</u>이 감소된 경우 지정권자의 변경인가를 받을 필요가 없다.
> ⑤ 지정권자는 시행자가 도시개발구역 지정의 고시일부터 <u>1년</u> 이내에 실시계획의 인가를 신청하지 아니하는 경우 시행자를 변경할 수 있다.
>
> 답 ③

02 도시개발법령상 토지 등의 수용 또는 사용의 방식에 따른 도시개발사업 시행에 관한 설명으로 옳은 것은?   ▼ 제26회

① 지방자치단체가 시행자인 경우 토지상환채권을 발행할 수 없다.

② 지방자치단체인 시행자가 토지를 수용하려면 사업대상 토지면적의 3분의 2 이상의 토지를 소유하여야 한다.

③ 시행자는 조성토지를 공급받는 자로부터 해당 대금의 전부를 미리 받을 수 없다.

④ 시행자는 학교를 설치하기 위한 조성토지를 공급하는 경우 해당 토지의 가격을 「부동산 가격공시 및 감정평가에 관한 법률」에 따른 감정평가업자가 감정평가한 가격 이하로 정할 수 있다.

⑤ 시행자는 지방자치단체에게 도시개발구역 전체 토지면적의 2분의 1 이내에서 원형지를 공급하여 개발하게 할 수 있다.

해설
① 지방자치단체가 시행자인 경우 토지상환채권을 발행할 수 <u>있다</u>.
② 공공사업시행자와 조합은 <u>제외대상</u>
③ 시행자는 조성토지를 공급받는 자로부터 해당 대금의 전부를 미리 받을 수 <u>있다</u>.
⑤ 시행자는 지방자치단체에게 도시개발구역 전체 토지면적의 <u>3분의 1</u> 이내에서 원형지를 공급하여 개발하게 할 수 있다.

답 ④

03 도시개발법령상 수용 또는 사용 방식으로 시행하는 도시개발사업의 시행자로 지정될 수 없는 자는?   ▼ 제35회

① 「한국철도공사법」에 따른 한국철도공사

② 지방자치단체

③ 「지방공기업법」에 따라 설립된 지방공사

④ 도시개발구역의 국공유지를 제외한 토지면적의 3분의 2 이상을 소유한 자

⑤ 도시개발구역의 토지 소유자가 도시개발을 위하여 설립한 조합

해설 조합은 대상이 아니다.

답 ⑤

04 도시개발법령상 수용 또는 사용의 방식에 따른 사업 시행에 관한 설명으로 옳은 것은?

제27회

① 시행자가 아닌 지정권자는 도시개발사업에 필요한 토지 등을 수용할 수 있다.
② 도시개발사업을 위한 토지의 수용에 관하여 특별한 규정이 없으면 「도시 및 주거환경정비법」에 따른다.
③ 수용의 대상이 되는 토지의 세부목록을 고시한 경우에는 「공익사업을 위한 토지 등의 취득 및 보상에 관한 법률」에 따른 사업인정 및 그 고시가 있었던 것으로 본다.
④ 국가에 공급될 수 있는 원형지 면적은 도시개발구역 전체 토지면적의 3분의 2까지로 한다.
⑤ 시행자가 토지상환채권을 발행할 경우, 그 발행규모는 토지상환채권으로 상환할 토지·건축물이 도시개발사업으로 조성되는 분양토지 또는 분양건축물 면적의 3분의 2를 초과하지 않아야 한다.

해설
① 시행자는 도시개발사업에 필요한 토지 등을 수용할 수 있다.
② 도시개발사업을 위한 토지의 수용에 관하여 특별한 규정이 없으면 공익사업을 위한 토지 등의 취득 및 보상에 관한 법률에 따른다.
④ 국가에 공급될 수 있는 원형지 면적은 도시개발구역 전체 토지면적의 3분의 1까지로 한다.
⑤ 시행자가 토지상환채권을 발행할 경우, 그 발행규모는 토지상환채권으로 상환할 토지·건축물이 도시개발사업으로 조성되는 분양토지 또는 분양건축물 면적의 2분의 1를 초과하지 않아야 한다.

답 ③

05 도시개발법령상 원형지의 공급과 개발에 관한 설명으로 **틀린** 것은?

제25회

① 원형지를 공장 부지로 직접 사용하는 자는 원형지개발자가 될 수 있다.
② 원형지는 도시개발구역 전체 토지 면적의 3분의 1 이내의 면적으로만 공급될 수 있다.
③ 원형지 공급 승인신청서에는 원형지 사용조건에 관한 서류가 첨부되어야 한다.
④ 원형지 공급가격은 개발계획이 반영된 원형지의 감정가격으로 한다.
⑤ 지방자치단체가 원형지개발자인 경우 원형지 공사완료 공고일부터 5년이 경과하기 전에도 원형지를 매각할 수 있다.

해설 원형지 공급가격은 개발계획이 반영된 원형지의 감정가격에 시행자가 원형지에 설치한 기반시설 등의 공사비를 더한 금액을 기준으로 시행자와 원형지개발자가 협의하여 결정한다.

답 ④

06 도시개발법령상 원형지의 공급과 개발에 관한 설명으로 옳은 것은? 제34회

① 원형지를 공장 부지로 직접 사용하는 원형지개발자의 선정은 경쟁입찰의 방식으로 하며, 경쟁입찰이 2회 이상 유찰된 경우에는 수의계약의 방법으로 할 수 있다.

② 지정권자는 원형지의 공급을 승인할 때 용적률 등 개발밀도에 관한 이행조건을 붙일 수 없다.

③ 원형지 공급가격은 원형지의 감정가격과 원형지에 설치한 기반시설 공사비의 합산 금액을 기준으로 시 · 도의조례로 정한다.

④ 원형지개발자인 지방자치단체는 10년의 범위에서 대통령령으로 정하는 기간 안에는 원형지를 매각할 수 없다.

⑤ 원형지개발자가 공급받은 토지의 전부를 시행자의 동의없이 제3자에게 매각하는 경우 시행자는 원형지개발자에 대한 시정요구 없이 원형지 공급계약을 해제할 수 있다.

> **해설**
> ② 지정권자는 용적률 등 개발밀도, 토지용도별 면적 · 배치, 교통처리계획 및 기반시설의 설치 등에 관한 <u>이행 조건을 붙일 수 있다.</u>
> ③ 원형지 공급가격은 개발계획이 반영된 원형지의 감정가격에 시행자가 원형지에 설치한 기반시설 등의 공 <u>사비를 더한 금액을 기준으로 시행자와 원형지개발자가 협의하여</u> 결정한다.
> ④ 원형지개발자(<u>국가 및 지방자치단체는 제외</u>)는 10년의 범위에서 대통령령으로 정하는 기간 안에는 원형지 를 매각할 수 없다.
> ⑤ 매각, 미착수, 지연, 계약내용위반에 해당하는 경우는 원형지 개발자에게 2회이상 <u>시정요구 후</u> 시정하지 아니한 경우 공급계약을 해제할 수 있다.
>
> 답 ①

07 도시개발법령상 토지 등의 수용 또는 사용의 방식에 따른 사업 시행에 관한 설명으로 옳은 것은? 제32회

① 도시개발사업을 시행하는 지방자치단체는 도시개발구역 지정 이후 그 시행방식을 혼용방식에서 수용 또는 사용 방식으로 변경할 수 있다.

② 도시개발사업을 시행하는 정부출연기관이 그 사업에 필요한 토지를 수용하려면 사업대상 토지면적의 3분의 2 이상에 해당하는 토지를 소유하고 토지 소유자 총수의 2분의 1 이상에 해당하는 자의 동의를 받아야 한다.

③ 도시개발사업을 시행하는 공공기관은 토지상환채권을 발행할 수 없다.

④ 원형지를 공급받아 개발하는 지방공사는 원형지에 대한 공사완료 공고일부터 5년이 지난 시점이라면 해당 원형지를 매각할 수 있다.

⑤ 원형지가 공공택지 용도인 경우 원형지개발자의 선정은 추첨의 방법으로 할 수 있다.

해설

① 공공사업시행자가 도시개발사업의 시행방식을 수용 또는 사용방식에서 전부 환지 방식으로, 혼용방식에서 전부 환지 방식으로 변경가능

② 민간사업시행자(조합은 제외)는 사업대상 토지면적의 3분의 2 이상에 해당하는 토지를 소유하고 토지 소유자 총수의 2분의 1 이상에 해당하는 자의 동의를 받아야 한다.

③ 시행자는 토지 소유자가 원하면 토지 등의 매수 대금의 일부를 지급하기 위하여 사업 시행으로 조성된 토지·건축물로 상환하는 토지상환채권을 발행할 수 있다.

⑤ 원형지는 추첨의 방법대상이 아니다.

답 ④

08 도시개발법령상 도시개발구역지정 이후 지정권자가 도시개발사업의 시행방식을 변경할 수 있는 경우를 모두 고른 것은? (단, 시행자는 국가이며, 시행방식 변경을 위한 다른 요건은 모두 충족됨) ▼ 제35회

> ㉠ 수용 또는 사용방식에서 전부 환지방식으로의 변경
> ㉡ 수용 또는 사용방식에서 혼용방식으로의 변경
> ㉢ 혼용방식에서 전부 환지방식으로의 변경
> ㉣ 전부 환지방식에서 혼용방식으로의 변경

① ㉠, ㉢   ② ㉠, ㉣   ③ ㉡, ㉣
④ ㉠, ㉡, ㉢   ⑤ ㉡, ㉢, ㉣

해설 지정권자는 도시개발구역 지정 이후 지가상승 등 지역개발 여건의 변화로 도시개발사업 시행방식 지정 당시의 요건을 충족하지 못하는 경우에는 다음에 따라 도시개발사업의 시행방식을 변경할 수 있다.

㉠ 공공사업시행자가 수용 또는 사용방식에서 전부 환지방식으로 변경하는 경우

㉡ 공공사업시행자가 혼용방식에서 전부 환지방식으로 변경하는 경우

㉢ 조합을 제외한 사업시행자(공공사업자포함)가 수용 또는 사용 방식에서 혼용방식으로 변경하는 경우

답 ④

09 도시개발법령상 원형지의 공급과 개발에 관한 설명으로 **틀린** 것은?   ⌄ 제23회

① 원형지는 도시개발구역 안에서 도시개발사업으로 조성되지 아니한 상태의 토지를 말한다.

② 공급될 수 있는 원형지의 면적은 해당 도시개발구역 전체 토지 면적의 3분의 1 이내로 한정된다.

③ 원형지개발자인 지방자치단체는 10년의 범위에서 대통령령으로 정하는 기간 안에는 원형지를 매각할 수 없다.

④ 도시개발구역의 지정권자는 원형지 공급·개발의 승인을 할 때에는 교통처리계획 및 기반시설의 설치 등에 관한 이행조건을 붙일 수 있다.

⑤ 원형지를 공장부지로 직접 사용하는 자를 원형지 개발자로 선정하는 경우 경쟁입찰의 방식으로 하며, 경쟁입찰이 2회 이상 유찰된 경우에는 수의계약의 방법으로 할 수 있다.

해설 원형지개발자(국가 및 지방자치단체는 제외)는 10년의 범위에서 대통령령으로 정하는 기간 안에는 원형지를 매각할 수 없다.

답 ③

10 도시개발법령상 조성토지의 공급에 관한 설명으로 **틀린** 것은?   ⌄ 제22회

① 도시개발사업 시행자는 「국토의 계획 및 이용에 관한 법률」에 따른 기반시설의 원활한 설치를 위하여 필요하면 공급대상자의 자격을 제한할 수 있다.

② 단독주택용지로서 330m² 이하인 조성토지는 추첨의 방법으로 분양할 수 있다.

③ 일반에게 분양할 수 없는 공공용지를 지방자치단체에게 공급하는 경우에는 수의계약의 방법에 의할 수 있다.

④ 수의계약의 방법으로 조성토지를 공급하기로 하였으나 공급 신청량이 공급 계획에서 계획된 면적을 초과하는 경우에는 경쟁입찰의 방법에 의한다.

⑤ 폐기물처리시설을 설치하기 위해 공급하는 조성토지의 가격은 「부동산 가격공시 및 감정평가에 관한 법률」에 따른 감정평가업자가 감정평가한 가격 이하로 정할 수 있다.

해설 추첨방법 분양
㉮ 「주택법」에 따른 국민주택규모 이하의 주택건설용지
㉯ 「주택법」에 따른 공공택지
㉰ 330m² 이하의 단독주택용지 및 공장용지
㉱ 수의계약의 방법으로 조성토지를 공급하기로 하였으나 공급 신청량이 공급 계획에서 계획된 면적을 초과하는 경우

답 ④

11　도시개발법령상 조성토지 등의 공급에 관한 설명으로 옳은 것은?　　ᐯ 제26회 수정

① 지정권자가 시행자인 경우 조성토지 등을 공급하려고 할 때에는 조성토지 등의 공급
　계획을 작성하여 국토교통부장관의 승인을 받아야 한다.

② 조성토지 등을 공급하려고 할 때 「주택법」에 따른 공공택지의 공급은 추첨의 방법으
　로 분양할 수 없다.

③ 토지상환채권에 의하여 토지를 상환하는 경우에는 수의계약의 방법으로 할 수 없다.

④ 공공청사용지를 지방자치단체에게 공급하는 경우에는 수의계약의 방법으로 할 수
　없다.

⑤ 조성토지 등의 공급은 원칙적으로 경쟁입찰의 방법에 따른다.

해설

① 시행자(지정권자가 시행자인 경우는 제외)는 조성토지 등을 공급하려고 할 때에는 조성토지 등의 공급계획
　을 작성하여 지정권자의 승인을 받아야 한다.

② 조성토지 등을 공급하려고 할 때 「주택법」에 따른 공공택지의 공급은 추첨의 방법으로 분양할 수 있다.

③ 토지상환채권에 의하여 토지를 상환하는 경우에는 수의계약의 방법으로 할 수 있다.

④ 공공청사용지를 지방자치단체에게 공급하는 경우에는 수의계약의 방법으로 할 수 있다.

답 ⑤

12　도시개발법령상 수용 또는 사용의 방식에 따른 사업시행에 관한 설명으로 옳은 것은?

ᐯ 제30회

① 「지방공기업법」에 따라 설립된 지방공사가 시행자인 경우 토지 소유자 전원의 동의
　없이는 도시개발사업에 필요한 토지 등을 수용하거나 사용할 수 없다.

② 지방자치단체가 시행자인 경우 지급보증 없이 토지상환채권을 발행할 수 있다.

③ 지정권자가 아닌 시행자는 조성토지 등을 공급받거나 이용하려는 자로부터 지정권
　자의 승인 없이 해당 대금의 전부 또는 일부를 미리 받을 수 있다.

④ 원형지의 면적은 도시개발구역 전체 토지 면적의 3분의 1을 초과하여 공급될 수 있다.

⑤ 공공용지가 아닌 조성토지 등의 공급은 수의계약의 방법에 의하여야 한다.

해설

① 「지방공기업법」에 따라 설립된 지방공사가 시행자인 경우 토지 소유자 전원의 동의 없이는 도시개발사업에
　필요한 토지 등을 수용하거나 사용할 수 있다.

③ 지정권자가 아닌 시행자는 조성토지 등을 공급받거나 이용하려는 자로부터 지정권자의 승인을 받아 해당
　대금의 전부 또는 일부를 미리 받을 수 있다.

④ 원형지의 면적은 도시개발구역 전체 토지 면적의 3분의 1 이내로 한정한다.

⑤ 조성토지 등의 공급은 원칙적으로 경쟁입찰의 방법에 따른다.

답 ②

환지계획 및 환지처분

01   도시개발법령상 환지의 방식에 관한 내용이다. (   )에 들어갈 내용을 옳게 연결한 것은?

제27회

> • (ㄱ   ): 환지 전 토지에 대한 권리를 도시개발사업으로 조성되는 토지에 이전하는 방식
> • (ㄴ   ): 환지 전 토지나 건축물(무허가 건축물은 제외)에 대한 권리를 도시개발사업으로 건설되는 구분건축물에 이전하는 방식

① ㄱ: 평면 환지, ㄴ: 입체 환지   ② ㄱ: 평가 환지, ㄴ: 입체 환지
③ ㄱ: 입체 환지, ㄴ: 평면 환지   ④ ㄱ: 평면 환지, ㄴ: 유동 환지
⑤ ㄱ: 유동 환지, ㄴ: 평면 환지

해설

• (평면 환지): 환지 전 토지에 대한 권리를 도시개발사업으로 조성되는 토지에 이전하는 방식
• (입체 환지): 환지 전 토지나 건축물(무허가 건축물은 제외)에 대한 권리를 도시개발사업으로 건설되는 구분건축물에 이전하는 방식

답 ①

02 도시개발법령상 환지 방식으로 도시개발사업을 시행하는 경우, 환지처분에 관한 설명으로 틀린 것은? ▼ 제28회

① 시행자는 도시개발사업에 관한 공사를 끝낸 경우에는 지체 없이 관보 또는 공보에 이를 공고하여야 한다.

② 지정권자가 시행자인 경우 공사 완료 공고가 있는 때에는 60일 이내에 환지처분을 하여야 한다.

③ 환지 계획에 따라 입체환지처분을 받은 자는 환지처분이 공고된 날의 다음날에 환지 계획으로 정하는 바에 따라 건축물의 일부와 해당 건축물이 있는 토지의 공유지분을 취득한다.

④ 체비지로 정해지지 않은 보류지는 환지 계획에서 정한 자가 환지처분이 공고된 날의 다음날에 해당 소유권을 취득한다.

⑤ 도시개발사업의 시행으로 행사할 이익이 없어진 지역권은 환지처분이 공고된 날의 다음날이 끝나는 때에 소멸한다.

해설 도시개발구역의 토지에 대한 지역권은 종전의 토지에 존속한다. 다만, 도시개발사업의 시행으로 행사할 이익이 없어진 지역권은 <u>환지처분이 공고된 날이 끝나는 때에</u> 소멸한다.

답 ⑤

03 도시개발법령상 환지 방식에 의한 사업 시행에 관한 설명으로 틀린 것은?   ⌄ 제31회

① 지정권자는 도시개발사업을 환지 방식으로 시행하려고 개발계획을 수립할 때에 시행자가 지방자치단체이면 토지 소유자의 동의를 받을 필요가 없다.

② 시행자는 체비지의 용도로 환지 예정지가 지정된 경우에는 도시개발사업에 드는 비용을 충당하기 위하여 이를 처분할 수 있다.

③ 도시개발구역의 토지에 대한 지역권은 도시개발사업의 시행으로 행사할 이익이 없어지면 환지처분이 공고된 날이 끝나는 때에 소멸한다.

④ 지방자치단체가 도시개발사업의 전부를 환지 방식으로 시행하려고 할 때에는 도시개발사업의 시행규정을 작성하여야 한다.

⑤ 행정청이 아닌 시행자가 인가받은 환지 계획의 내용 중 종전 토지의 합필 또는 분필로 환지명세가 변경되는 경우에는 변경인가를 받아야 한다.

해설 경미한 사항(인가×)

㉮ 종전 토지의 합필 또는 분필로 환지명세가 변경되는 경우

㉯ 토지 또는 건축물 소유자의 동의에 따라 환지 계획을 변경하는 경우. 다만, 다른 토지 또는 건축물 소유자에 대한 환지 계획의 변경이 없는 경우로 한정한다.

㉰ 「공간정보의 구축 및 관리 등에 관한 법률」에 따른 지적측량의 결과를 반영하기 위하여 환지 계획을 변경하는 경우

㉱ 환지로 지정된 토지나 건축물을 금전으로 청산하는 경우

답 ⑤

04 도시개발법령상 환지 방식에 의한 사업 시행에 관한 설명으로 틀린 것은?   ▼ 제32회

① 도시개발사업을 입체 환지 방식으로 시행하는 경우에는 환지 계획에 건축 계획이 포함되어야 한다.

② 시행자는 토지면적의 규모를 조정할 특별한 필요가 있으면 면적이 넓은 토지는 그 면적을 줄여서 환지를 정하거나 환지 대상에서 제외할 수 있다.

③ 도시개발구역 지정권자가 정한 기준일의 다음 날부터 단독주택이 다세대주택으로 전환되는 경우 시행자는 해당 건축물에 대하여 금전으로 청산하거나 환지 지정을 제한할 수 있다.

④ 시행자는 환지 예정지를 지정한 경우에 해당 토지를 사용하거나 수익하는 데에 장애가 될 물건이 그 토지에 있으면 그 토지의 사용 또는 수익을 시작할 날을 따로 정할 수 있다.

⑤ 시행자는 환지를 정하지 아니하기로 결정된 토지 소유자나 임차권자 등에게 날짜를 정하여 그날부터 해당 토지 또는 해당 부분의 사용 또는 수익을 정지시킬 수 있다.

해설 시행자는 토지면적의 규모를 조정할 특별한 필요가 있으면 면적이 넓은 토지는 그 면적을 줄여서 환지를 정할 수는 있으나 환지 대상에서 제외할 수 없다.

답 ②

05 도시개발법령상 환지방식의 사업시행에 관한 설명으로 옳은 것은? (단, 사업시행자는 행정청이 아님) ⌁ 제25회

① 사업시행자가 환지계획을 작성한 경우에는 특별자치도지사, 시·도지사의 인가를 받아야 한다.
② 환지로 지정된 토지나 건축물을 금전으로 청산하는 내용으로 환지계획을 변경하는 경우에는 변경인가를 받아야 한다.
③ 토지 소유자의 환지 제외 신청이 있더라도 해당 토지에 관한 임차권자 등이 동의하지 않는 경우에는 해당 토지를 환지에서 제외할 수 없다.
④ 환지예정지의 지정이 있으면 종전의 토지에 대한 임차권 등은 종전의 토지에 대해서는 물론 환지예정지에 대해서도 소멸한다.
⑤ 환지계획에서 환지를 정하지 아니한 종전의 토지에 있던 권리는 환지처분이 공고된 날의 다음 날이 끝나는 때에 소멸한다.

해설
① 행정청이 아닌 사업시행자가 환지계획을 작성한 경우에는 특별자치도지사, 시·군·구청장의 인가를 받아야 한다.
② 환지로 지정된 토지나 건축물을 금전으로 청산하는 내용으로 환지계획을 변경하는 경우는 경미사유이므로 변경인가를 받을 필요는 없다.
④ 환지예정지의 지정이 있으면 종전의 토지에 대한 임차권 등은 종전의 토지에 대해서 소멸한다.
⑤ 환지계획에서 환지를 정하지 아니한 종전의 토지에 있던 권리는 환지처분이 공고된 날이 끝나는 때에 소멸한다.

답 ③

06 도시개발법령상 환지처분의 효과에 관한 설명으로 틀린 것은? ⌁ 제26회

① 환지 계획에서 정하여진 환지는 그 환지처분이 공고된 날의 다음 날부터 종전의 토지로 본다.
② 환지처분은 행정상 처분으로서 종전의 토지에 전속(專屬)하는 것에 관하여 영향을 미친다.
③ 도시개발구역의 토지에 대한 지역권은 도시개발사업의 시행으로 행사할 이익이 없어진 경우 환지처분이 공고된 날이 끝나는 때에 소멸한다.
④ 보류지는 환지 계획에서 정한 자가 환지처분이 공고된 날의 다음 날에 해당 소유권을 취득한다.
⑤ 청산금은 환지처분이 공고된 날의 다음 날에 확정된다.

해설 환지처분은 행정상 처분이나 재판상의 처분으로서 종전의 토지에 전속(專屬)하는 것에 관하여 영향을 미치지 아니한다.

답 ②

07 도시개발법령상 준공검사 등에 관한 설명으로 틀린 것은?   ⭳ 제27회

① 도시개발사업의 준공검사 전에는 체비지를 사용할 수 없다.

② 지정권자는 효율적인 준공검사를 위하여 필요하면 관계 행정기관 등에 의뢰하여 준공검사를 할 수 있다.

③ 지정권자가 아닌 시행자는 도시개발사업에 관한 공사가 전부 끝나기 전이라도 공사가 끝난 부분에 관하여 준공검사를 받을 수 있다.

④ 지정권자가 아닌 시행자가 도시개발사업의 공사를 끝낸 때에는 공사완료 보고서를 작성하여 지정권자의 준공검사를 받아야 한다.

⑤ 지정권자가 시행자인 경우 그 시행자는 도시개발사업의 공사를 완료한 때에는 공사완료 공고를 하여야 한다.

해설 준공검사 전 또는 공사 완료 공고 전에는 조성토지 등(체비지는 제외)을 사용할 수 없다.

답 ①

08 도시개발법령상 환지 방식에 의한 사업 시행에서의 청산금에 관한 설명으로 틀린 것은?   ⭳ 제34회

① 시행자는 토지 소유자의 동의에 따라 환지를 정하지 아니하는 토지에 대하여는 환지처분 전이라도 청산금을 교부할 수 있다.

② 토지 소유자의 신청에 따라 환지 대상에서 제외한 토지에 대하여는 청산금을 교부하는 때에 청산금을 결정할 수 없다.

③ 청산금을 받을 권리나 징수할 권리를 5년간 행사하지 아니하면 시효로 소멸한다.

④ 청산금은 대통령령으로 정하는 바에 따라 이자를 붙여 분할징수하거나 분할교부할 수 있다.

⑤ 행정청이 아닌 시행자가 군수에게 청산금의 징수를 위탁한 경우 그 시행자는 군수가 징수한 금액의 100분의 4에 해당하는 금액을 해당 군에 지급하여야 한다.

해설 환지 대상에서 제외한 토지 등에 대하여는 청산금을 교부하는 때에 청산금을 결정할 수 있다.

답 ②

도시개발채권 & 토지상환채권

01 도시개발법령상 도시개발채권에 관한 설명으로 <u>틀린</u> 것은?   ∨ 제28회

① 도시개발채권의 상환은 2년부터 10년까지의 범위에서 지방자치단체의 조례로 정한다.

② 도시개발채권의 소멸시효는 상환일부터 기산하여 원금은 5년, 이자는 2년으로 한다.

③ 수용 또는 사용방식으로 시행하는 도시개발사업의 경우 한국토지주택공사와 공사도급계약을 체결하는 자는 도시개발채권을 매입하여야 한다.

④ 도시개발채권은 무기명으로 발행할 수 있다.

⑤ 도시개발채권의 매입의무자가 매입하여야 할 금액을 초과하여 도시개발채권을 매입한 경우 중도상환을 신청할 수 있다.

> **해설** 도시개발채권의 상환은 <u>5년부터</u> 10년까지의 범위에서 지방자치단체의 조례로 정한다.

> 답 ①

02 도시개발법령상 도시개발채권에 관한 설명으로 옳은 것은?   ∨ 제29회

① 도시개발채권의 매입의무자가 아닌 자가 착오로 도시개발채권을 매입한 경우에는 도시개발채권을 중도에 상환할 수 있다.

② 시·도지사는 도시개발채권을 발행하려는 경우 채권의 발행총액에 대하여 국토교통부장관의 승인을 받아야 한다.

③ 도시개발채권의 상환은 3년부터 10년까지의 범위에서 지방자치단체의 조례로 정한다.

④ 도시개발채권의 소멸시효는 상환일부터 기산하여 원금은 3년, 이자는 2년으로 한다.

⑤ 도시개발채권 매입필증을 제출받는 자는 매입필증을 3년간 보관하여야 한다.

> **해설**
> ② 시·도지사가 도시개발채권을 발행하려는 경우에는 채권의 발행총액, 발행방법·발행조건, 상환방법 및 절차에 대하여 <u>행정안전부장관의 승인</u>을 받아야 한다.
> ③ 도시개발채권의 상환은 <u>5년부터</u> 10년까지의 범위에서 지방자치단체의 조례로 정한다.
> ④ 도시개발채권의 소멸시효는 상환일부터 기산하여 원금은 <u>5년</u>, 이자는 2년으로 한다.
> ⑤ 매입필증을 제출받는 자는 매입자로부터 제출받은 매입필증을 <u>5년간</u> 따로 보관하여야 한다.

> 답 ①

03 **도시개발법령상 도시개발채권에 관한 설명으로 옳은 것은?** ▾ 제32회

① 「국토의 계획 및 이용에 관한 법률」에 따른 공작물의 설치허가를 받은 자는 도시개발채권을 매입하여야 한다.

② 도시개발채권의 이율은 기획재정부장관이 국채·공채 등의 금리와 특별회계의 상황 등을 고려하여 정한다.

③ 도시개발채권을 발행하려는 시·도지사는 기획재정부장관의 승인을 받은 후 채권의 발행총액 등을 공고하여야 한다.

④ 도시개발채권의 상환기간은 5년보다 짧게 정할 수는 없다.

⑤ 도시개발사업을 공공기관이 시행하는 경우 해당 공공기관의 장은 시·도지사의 승인을 받아 도시개발채권을 발행할 수 있다.

해설 상환기간은 5년 - 10년

① 「국토의 계획 및 이용에 관한 법률」에 따른 <u>토지의 형질변경을 받은 자</u>는 도시개발채권을 매입하여야 한다.

② 도시개발채권의 이율은 채권의 발행 당시의 국채·공채 등의 금리와 특별회계의 상황 등을 고려하여 해당 <u>시·도의 조례</u>로 정한다.

③ 도시개발채권을 발행하려는 시·도지사는 <u>행정안전부장관의 승인</u>을 받은 후 채권의 발행총액 등을 공고하여야 한다.

⑤ <u>시·도지사</u>는 도시개발채권의 발행하려는 경우에는 <u>행정안전부장관의 승인</u>을 받아야 한다(공공기관 - 발행×).

답 ④

04 도시개발법령상 「지방공기업법」에 따라 설립된 지방공사가 단독으로 토지상환채권을 발행하는 경우에 관한 설명으로 옳은 것은? ⌄ 제33회

① 「은행법」에 따른 은행으로부터 지급보증을 받은 경우에만 토지상환채권을 발행할 수 있다.
② 토지상환채권의 발행규모는 그 토지상환채권으로 상환할 토지·건축물이 해당 도시개발사업으로 조성되는 분양토지 또는 분양건축물 면적의 2분의 1을 초과하지 아니하도록 하여야 한다.
③ 토지상환채권은 이전할 수 없다.
④ 토지가격의 추산방법은 토지상환채권의 발행계획에 포함되지 않는다.
⑤ 토지등의 매수 대금 일부의 지급을 위하여 토지상환채권을 발행할 수 없다.

해설
① 지방공사는 보증×
③ 토지상환채권을 이전하는 경우 취득자는 그 성명과 주소를 토지상환채권원부에 기재하여 줄 것을 요청하여야 하며, 취득자의 성명과 주소가 토지상환채권에 기재되지 아니하면 취득자는 발행자 및 그 밖의 제3자에게 대항하지 못한다.
④ 토지상환채권의 발행계획(시행자의 명칭, 토지상환채권의 발행총액, 토지상환채권의 이율, 토지상환채권의 발행가액 및 발행시기, 상환대상지역 또는 상환대상토지의 용도, 토지가격의 추산방법, 보증기관 및 보증의 내용)
⑤ 시행자는 토지 소유자가 원하면 토지등의 매수 대금의 일부를 지급하기 위하여 대통령령으로 정하는 바에 따라 사업 시행으로 조성된 토지·건축물로 상환하는 토지상환채권을 발행할 수 있다.
답 ②

05 도시개발법령상 한국토지주택공사가 발행하려는 토지상환채권의 발행계획에 포함되어야 하는 사항이 아닌 것은? ⌄ 제35회

① 보증기관 및 보증의 내용
② 토지가격의 추산방법
③ 상환대상지역 또는 상환대상토지의 용도
④ 토지상환채권의 발행가액 및 발행시기
⑤ 토지상환채권의 발행총액

해설 한국토지주택공사는 보증대상이 아니다.
답 ①

MEMO

박문각 공인중개사

PART

06

도시 및
주거환경정비법

01 도시 및 주거환경정비법령상 용어의 정의에 관한 설명으로 틀린 것은? ☞ 제27회

① 건축물이 훼손되거나 일부가 멸실되어 붕괴 그 밖의 안전사고의 우려가 있는 건축물은 노후·불량건축물에 해당한다.

② 주거환경개선사업이라 함은 정비기반시설은 양호하나 노후·불량건축물이 밀집한 지역에서 주거환경을 개선하기 위하여 시행하는 사업을 말한다.

③ 도로, 상하수도, 공원, 공용주차장은 정비기반시설에 해당한다.

④ 주택재개발사업의 정비구역 안에 소재한 토지의 지상권자는 토지 등 소유자에 해당한다.

⑤ 「건축법」에 따라 건축허가를 받아 아파트 또는 연립주택을 건설한 일단의 토지는 주택단지에 해당한다.

해설 도시저소득 주민이 집단거주하는 지역으로서 정비기반시설이 <u>극히 열악</u>하고 노후·불량건축물이 <u>과도하게 밀집한</u> 지역의 주거환경을 개선하거나 단독주택 및 다세대주택이 밀집한 지역에서 정비기반시설과 공동이용시설의 확충을 통하여 주거환경을 보전·정비·개량하기 위한 사업

답 ②

02 도시 및 주거환경정비법령상 다음의 정의에 해당하는 정비사업은? ☞ 제32회

> 도시저소득 주민이 집단거주하는 지역으로서 정비 기반시설이 극히 열악하고 노후·불량건축물이 과도하게 밀집한 지역의 주거환경을 개선하거나 단독주택 및 다세대주택이 밀집한 지역에서 정비기반시설과 공동이용시설 확충을 통하여 주거환경을 보전·정비·개량하기 위한 사업

① 주거환경개선사업   ② 재건축사업

③ 공공재건축사업   ④ 재개발사업

⑤ 공공재개발사업

해설 <u>주거환경개선사업</u>이란 도시저소득 주민이 집단거주하는 지역으로서 정비기반시설이 극히 열악하고 노후·불량건축물이 과도하게 밀집한 지역의 주거환경을 개선하거나 단독주택 및 다세대주택이 밀집한 지역에서 정비기반시설과 공동이용시설 확충을 통하여 주거환경을 보전·정비·개량하기 위한 사업을 말한다.

답 ①

03 도시 및 주거환경정비법령상 정비기반시설에 해당하지 <u>않는</u> 것은? (단, 주거환경개선사업을 위하여 지정·고시된 정비구역이 아님) ⌄ 제28회

① 공동작업장   ② 하천   ③ 공공공지
④ 공용주차장   ⑤ 공원

해설 공동이용시설이란 주민이 공동으로 사용하는 놀이터·마을회관·<u>공동작업장</u>, 그 밖에 대통령령으로 정하는 다음의 시설
㉮ 공동으로 사용하는 구판장·세탁장·화장실 및 수도
㉯ 탁아소·어린이집[유치원×]·경로당 등 노유자시설

답 ①

04 도시 및 주거환경정비법령상 정비기반시설에 해당하지 <u>않은</u> 것은? (단, 주거환경개선사업을 위하여 지정·고시된 정비구역이 아님) ⌄ 제34회

① 녹지   ② 공공공지   ③ 공용주차장
④ 소방용수시설   ⑤ 공동으로 사용하는 구판장

해설 공동으로 사용하는 구판장은 <u>공동이용시설</u>

답 ⑤

05 도시 및 주거환경정비법령상 주민이 공동으로 사용하는 시설로서 공동이용시설에 해당하지 <u>않는</u> 것은? (단, 조례는 고려하지 않으며, 각 시설은 단독주택, 공동주택 및 제1종 근린생활시설에 해당하지 않음) ⌄ 제29회

① 유치원   ② 경로당
③ 탁아소   ④ 놀이터
⑤ 어린이집

해설 공동이용시설이란 주민이 공동으로 사용하는 놀이터·마을회관·공동작업장, 그 밖에 대통령령으로 정하는 다음의 시설
㉮ 공동으로 사용하는 구판장·세탁장·화장실 및 수도
㉯ 탁아소·어린이집[<u>유치원</u>×]·경로당 등 노유자시설

답 ①

06 도시 및 주거환경정비법령상 "토지등소유자"에 해당하지 않는 자는?　　　▾ 제35회

① 주거환경개선사업 정비구역에 위치한 건축물의 소유자
② 재개발사업 정비구역에 위치한 토지의 지상권자
③ 재개발사업 정비구역에 위치한 건축물의 소유자
④ 재건축사업 정비구역에 위치한 건축물 및 그 부속토지의 소유자
⑤ 재건축사업 정비구역에 위치한 건축물 부속토지의 지상권자

해설 재건축사업에서 지상권자는 해당되지 않는다.

답 ⑤

07 도시 및 주거환경정비법령상 도시·주거환경정비기본계획 (이하 '기본계획'이라 함)의 수립에 관한 설명으로 틀린 것은?　　　▾ 제26, 29회

① 도지사가 대도시가 아닌 시로서 기본계획의 수립이 필요가 없다고 인정하는 시에 대하여는 기본계획을 수립하지 아니할 수 있다.
② 기본계획을 수립하고자 하는 때에는 14일 이상 주민에게 공람하고 지방의회의 의견을 들어야 한다.
③ 대도시의 시장이 아닌 시장이 기본계획을 수립한 때에는 도지사의 승인을 얻어야 한다.
④ 기본계획을 수립한 때에는 지체 없이 당해 지방자치단체의 공보에 고시하여야 한다.
⑤ 국토교통부장관은 기본계획에 대하여 3년마다 타당성 여부를 검토하여 그 결과를 기본계획에 반영하여야 한다.

해설 특별시장·광역시장·특별자치시장·특별자치도지사 또는 시장(기본계획의 수립권자)은 기본계획에 대하여는 5년마다 그 타당성 여부를 검토하여 그 결과를 기본계획에 반영하여야 한다.

답 ⑤

08 도시 및 주거환경정비법령상 도시·주거환경정비기본계획의 수립 및 정비구역의 지정에 관한 설명으로 틀린 것은? ☞ 제30회

① 기본계획의 수립권자는 기본계획을 수립하려는 경우에는 14일 이상 주민에게 공람하여 의견을 들어야 한다.

② 기본계획 수립권자는 기본계획을 수립한 때에는 지체없이 이를 해당 지방자치단체의 공보에 고시하고 일반인이 열람할 수 있도록 하여야 한다.

③ 정비구역의 지정권자는 정비구역의 진입로 설치를 위하여 필요한 경우에는 진입로 지역과 그 인접지역을 포함하여 정비구역을 지정할 수 있다.

④ 정비구역에서는 「주택법」에 따른 지역주택조합의 조합원을 모집해서는 아니 된다.

⑤ 정비구역에서 이동이 쉽지 아니한 물건을 14일 동안 쌓아두기 위해서는 시장·군수 등의 허가를 받아야 한다.

해설 정비구역에서 이동이 쉽지 아니한 물건을 <u>1개월 이상</u> 쌓아놓는 행위는 시장·군수 등의 <u>허가</u>를 받아야 한다.

탑 ⑤

09 도시 및 주거환경정비법령상 주택재건축사업에 관한 설명으로 옳은 것은? ☞ 제25, 28회 수정

① 주택재건축사업에 있어 '토지등소유자'는 정비구역 안에 소재한 토지 또는 건축물의 소유자와 지상권자를 말한다.

② 재건축사업은 정비구역에서 환지방식에 따라 주택, 부대시설·복리시설 및 오피스텔을 건설하여 공급하는 방법으로 한다.

③ 주택재건축사업의 추진위원회가 조합을 설립하고자 하는 때에는 법령상 요구되는 토지등소유자의 동의를 얻어 시장·군수에게 신고하여야 한다.

④ 정비계획의 입안권자(특별자치시장 및 특별자치도지사는 제외)는 정비계획의 입안 여부를 결정한 경우에는 지체 없이 특별시장·광역시장·도지사에게 결정내용과 해당 재건축진단 결과보고서를 제출하여야 한다.

⑤ 주택재건축사업의 재건축진단에 드는 비용은 시·도지사가 부담한다.

해설
① 주택재건축사업에 있어 '토지등소유자'는 <u>정비구역에 위치한 건축물 및 그 부속토지의 소유자</u>를 말한다.
② 재건축사업은 정비구역에서 <u>인가받은 관리처분계획에 따라</u> 주택, 부대시설·복리시설 및 오피스텔을 건설하여 공급하는 방법으로 한다.
③ 주택재건축사업의 추진위원회가 조합을 설립하고자 하는 때에는 법령상 요구되는 토지등소유자의 동의를 얻어 시장·군수에게 <u>인가를 받아야 한다</u>.
⑤ 주택재건축사업의 재건축진단에 드는 비용을 해당 <u>재건축진단의 실시를 요청하는 자에게 부담</u>하게 할 수 있다.

탑 ④

10 도시 및 주거환경정비법령상 정비구역 안에서의 행위 중 시장·군수의 허가를 받아야 하는 것을 모두 고른 것은? (단, 재해복구 또는 재난수습과 관련 없는 행위임)   ▼ 제25회

> ㄱ. 가설건축물의 건축
> ㄴ. 죽목의 벌채
> ㄷ. 공유수면의 매립
> ㄹ. 이동이 용이하지 아니한 물건을 1월 이상 쌓아놓는 행위

① ㄱ, ㄴ   ② ㄷ, ㄹ
③ ㄱ, ㄴ, ㄷ   ④ ㄴ, ㄷ, ㄹ
⑤ ㄱ, ㄴ, ㄷ, ㄹ

해설 허가대상
㉮ 건축물의 건축 등 : 「건축법」에 따른 건축물(가설건축물을 포함)의 건축, 용도변경(대수선×)
㉯ 공작물의 설치
㉰ 토지의 형질변경 : 절토·성토·정지·포장 등의 방법으로 토지의 형상을 변경하는 행위, 토지의 굴착 또는 공유수면의 매립
㉱ 토석의 채취 : 흙·모래·자갈·바위 등의 토석을 채취하는 행위(토지의 형질변경을 목적으로 하는 것은 제외)
㉲ 토지분할
㉳ 물건을 쌓아놓는 행위 : 이동이 쉽지 아니한 물건을 1개월 이상 쌓아놓는 행위
㉴ 죽목의 벌채 및 식재

답 ⑤

01 도시 및 주거환경정비법령상 정비사업의 시행방법으로 옳은 것만을 모두 고른 것은? ⌄ 제29회

> ㄱ. 주거환경개선사업 : 사업시행자가 환지로 공급하는 방법
> ㄴ. 주거환경개선사업 : 사업시행자가 정비구역에서 인가받은 관리처분계획에 따라 주
>   택, 부대시설·복리시설 및 오피스텔을 건설하여 공급하는 방법
> ㄷ. 재개발사업 : 정비구역에서 인가받은 관리처분계획에 따라 건축물을 건설하여 공급
>   하는 방법

① ㄱ   ② ㄴ   ③ ㄱ, ㄷ
④ ㄴ, ㄷ   ⑤ ㄱ, ㄴ, ㄷ

[해설]
ㄴ. <u>재건축사업</u> : 사업시행자가 정비구역에서 인가받은 관리처분계획에 따라 주택, 부대시설·복리시설 및 <u>오</u>
<u>피스텔</u>을 건설하여 공급하는 방법

🖐 ③

02 도시 및 주거환경정비법령상 정비사업의 시행방법으로 허용되지 <u>않는</u> 것은? ⌄ 제35회

① 주거환경개선사업 : 환지로 공급하는 방법
② 주거환경개선사업 : 인가받은 관리처분계획에 따라 주택 및 부대시설·복리시설을
   건설하여 공급하는 방법
③ 재개발사업 : 인가받은 관리처분계획에 따라 건축물을 건설하여 공급하는 방법
④ 재개발사업 : 환지로 공급하는 방법
⑤ 재건축사업 : 「국토의 계획 및 이용에 관한 법률」에 따른 일반주거지역인 정비구역
   에서 인가받은 관리처분계획에 따라 「건축법」에 따른 오피스텔을 건설하여 공급하
   는 방법

[해설] 재건축인 경우 오피스텔을 건설하여 공급하는 경우에는 「국토의 계획 및 이용에 관한 법률」에 따른 <u>준주</u>
<u>거지역 및 상업지역</u>에서만 건설할 수 있다. 이 경우 오피스텔의 연면적은 전체 건축물 연면적의 100분의 30
이하이어야 한다.

🖐 ⑤

03 도시 및 주거환경정비법령상 정비사업의 시행에 관한 설명으로 옳은 것은? ➤ 제30회

① 조합의 정관에는 정비구역의 위치 및 면적이 포함되어야 한다.

② 지정개발자가 아닌 자가 정비사업을 시행하려는 경우에는 토지등소유자(토지등소유자가 재개발사업을 시행하려는 경우 포함)로 구성된 조합을 설립하여야 한다.

③ 조합은 명칭에 "정비사업조합"이라는 문자를 사용할 필요는 없다.

④ 조합장이 자기를 위하여 조합과 소송을 할 때에는 이사가 조합을 대표한다.

⑤ 재건축사업을 하는 정비구역에서 오피스텔을 건설하여 공급하는 경우에는 「국토의 계획 및 이용에 관한 법률」에 따른 준주거지역 및 상업지역 이외의 지역에서 오피스텔을 건설할 수 있다.

> **해설**
> ② 토지등소유자가 재개발사업을 시행하려는 경우에는 <u>그러하지 아니하다</u>.
> ③ 조합은 명칭에 "정비사업조합"이라는 문자를 <u>사용하여야</u> 한다.
> ④ 조합장이 자기를 위하여 조합과 소송을 할 때에는 <u>감사</u>가 조합을 대표한다.
> ⑤ 재건축사업을 하는 정비구역에서 오피스텔을 건설하여 공급하는 경우에는 「국토의 계획 및 이용에 관한 법률」에 따른 <u>준주거지역 및 상업지역에서만</u> 오피스텔을 건설할 수 있다.

답 ①

04 도시 및 주거환경정비법령상 조합설립인가를 받기 위한 동의에 관하여 ( )에 들어갈 내용을 바르게 나열한 것은? ➤ 제21, 24, 29, 31회

> • 재개발사업의 추진위원회가 조합을 설립하려면 토지등소유자의 (ㄱ) 이상 및 토지면적의 (ㄴ) 이상의 토지소유자의 동의를 받아야 한다.
> • 재건축사업의 추진위원회가 조합을 설립하려는 경우 주택단지가 아닌 지역이 정비구역에 포함된 때에는 주택단지가 아닌 지역의 토지 또는 건축물 소유자의 (ㄷ) 이상 및 토지면적의 (ㄹ) 이상의 토지소유자의 동의를 받아야 한다.

① ㄱ: 4분의 3, ㄴ: 2분의 1, ㄷ: 4분의 3, ㄹ: 3분의 2

② ㄱ: 4분의 3, ㄴ: 3분의 1, ㄷ: 4분의 3, ㄹ: 2분의 1

③ ㄱ: 4분의 3, ㄴ: 2분의 1, ㄷ: 3분의 2, ㄹ: 2분의 1

④ ㄱ: 2분의 1, ㄴ: 3분의 1, ㄷ: 2분의 1, ㄹ: 3분의 2

⑤ ㄱ: 2분의 1, ㄴ: 3분의 1, ㄷ: 4분의 3, ㄹ: 2분의 1

> **해설**
> • 재개발사업의 추진위원회가 조합을 설립하려면 토지등소유자의 (4분의 3) 이상 및 토지면적의 (2분의 1) 이상의 토지소유자의 동의를 받아야 한다.
> • 재건축사업의 추진위원회가 조합을 설립하려는 경우 주택단지가 아닌 지역이 정비구역에 포함된 때에는 주택단지가 아닌 지역의 토지 또는 건축물 소유자의 (4분의 3) 이상 및 토지면적의 (3분의 2) 이상의 토지소유자의 동의를 받아야 한다.

답 ①

05 도시 및 주거환경정비법령상 조합설립 등에 관한 설명으로 옳은 것은? ∨ 제35회

① 재개발조합이 조합설립인가를 받은 날부터 3년 이내에 사업시행계획인가를 신청하지 아니한 때에는 시장·군수등은 직접 정비사업을 시행할 수 있다.

② 재개발사업의 추진위원회가 조합을 설립하려면 토지등소유자의 3분의 2 이상 및 토지면적의 2분의 1 이상의 토지소유자의 동의를 받아야 한다.

③ 토지등소유자가 30인 미만인 경우 토지등소유자는 조합을 설립하지 아니하고 재개발사업을 시행할 수 있다.

④ 조합은 재개발조합설립인가를 받은 때에도 토지등소유자에게 그 내용을 통지하지 아니한다.

⑤ 추진위원회는 조합설립인가 후 지체 없이 추정분담금에 관한 정보를 토지등소유자에게 제공하여야 한다.

해설

② 재개발사업의 추진위원회가 조합을 설립하려면 토지등소유자의 <u>4분의 3 이상</u> 및 토지면적의 2분의 1 이상의 토지소유자의 동의를 받아야 한다.

③ 토지등소유자가 <u>20인</u> 미만인 경우 토지등소유자는 조합을 설립하지 아니하고 재개발사업을 시행할 수 있다.

④ 조합은 재개발조합설립인가를 받은 때에도 토지등소유자에게 그 내용을 <u>통지하여야 한다</u>.

⑤ 추진위원회는 조합설립에 필요한 <u>동의를 받기 전에</u> 추정분담금에 관한 정보를 토지등소유자에게 제공하여야 한다.

답 ①

06 도시 및 주거환경정비법령상 주택재개발사업조합에 관한 설명으로 틀린 것은? ∨ 제23회

① 토지의 소유권이 수인의 공유에 속하는 때에는 그 수인을 대표하는 1인을 조합원으로 본다.

② 이사의 자기를 위한 조합과의 계약에 관하여는 감사가 조합을 대표한다.

③ 조합임원은 같은 목적의 정비사업을 하는 다른 조합의 임원 또는 직원을 겸할 수 없다.

④ 당연 퇴임된 조합임원이 퇴임 전에 관여한 행위는 그 효력을 잃지 않는다.

⑤ 조합의 이사는 당해 조합의 대의원이 될 수 있다.

해설 조합의 이사는 당해 조합의 대의원이 될 수 <u>없다</u>.[조합장만 대의원이 된다.]

답 ⑤

07 도시 및 주거환경정비법령상 주택재개발사업 조합의 설립을 위한 동의자수 산정 시, 다음에서 산정되는 토지등소유자의 수는? (단, 권리관계는 제시된 것만 고려하며, 토지는 정비구역 안에 소재함) ▼ 제25회

> • A, B, C 3인이 공유한 1필지 토지에 하나의 주택을 단독 소유한 D
> • 3필지의 나대지를 단독 소유한 E
> • 1필지의 나대지를 단독 소유한 F와 그 나대지에 대한 지상권자 G

① 3명   ② 4명
③ 5명   ④ 7명
⑤ 9명

해설 토지등소유자는 다음과 같다.
㉮ A, B, C 중 대표 1인,
㉯ 주택을 단독 소유한 D,
㉰ 나대지를 단독 소유한 E,
㉱ 나대지를 단독 소유한 F와 그 나대지에 대한 지상권자 G대표 중 1인

답 ②

08 도시 및 주거환경정비법령상 주택재개발사업 조합에 관한 설명으로 옳은 것은? ▼ 제25회
① 주택재개발사업 추진위원회가 조합을 설립하려면 시·도지사의 인가를 받아야 한다.
② 조합원의 수가 50인 이상인 조합은 대의원회를 두어야 한다.
③ 조합원의 자격에 관한 사항에 대하여 정관을 변경하고자 하는 경우 총회에서 조합원 3분의 2 이상의 동의를 얻어야 한다.
④ 조합의 이사는 대의원회에서 해임될 수 있다.
⑤ 조합의 이사는 조합의 대의원을 겸할 수 있다.

해설
① 주택재개발사업 추진위원회가 조합을 설립하려면 시장·군수 등의 인가를 받아야 한다.
② 조합원의 수가 100인 이상인 조합은 대의원회를 두어야 한다.
④ 조합의 이사는 대의원회에서 해임될 수 없다.
⑤ 조합의 이사는 조합의 대의원을 겸할 수 없다.

답 ③

09 도시 및 주거환경정비법령상 조합의 임원에 관한 설명으로 틀린 것은?　　✔ 제33회

① 토지등소유자의 수가 100인을 초과하는 경우 조합에 두는 이사의 수는 5명 이상으로 한다.

② 조합임원의 임기는 3년 이하의 범위에서 정관으로 정하되, 연임할 수 있다.

③ 조합장이 아닌 조합임원은 대의원이 될 수 있다.

④ 조합임원은 같은 목적의 정비사업을 하는 다른 조합의 임원 또는 직원을 겸할 수 없다.

⑤ 시장·군수 등이 전문조합관리인을 선정한 경우 전문조합관리인이 업무를 대행할 임원은 당연 퇴임한다.

해설 조합장만 대의원(그 외 조합임원은 대의원이 될 수 없다.)

답 ③

10 도시 및 주거환경정비법령상 조합의 임원에 관할 설명으로 틀린 것은?　　✔ 제34회

① 조합임원의 임기만료 후 6개월 이상 조합임원이 선임되지 아니한 경우에는 시장·군수 등이 조합임원 선출을 위한 총회를 소집할 수 있다.

② 조합임원이 결격사유에 해당하게 되어 당연 퇴임한 경우 그가 퇴임 전에 관여한 행위는 그 효력을 잃는다.

③ 총회에서 요청하여 시장·군수 등이 전문조합관리인을 선정한 경우 전문조합관리인이 업무를 대행할 임원은 당연 퇴임한다.

④ 조합장이 아닌 조합임원은 대의원이 될 수 없다.

⑤ 대의원회는 임기중 궐위된 조합장을 보궐선임할 수 없다.

해설 조합임원이 결격사유에 해당하게 되거나 선임 당시 그에 해당하는 자이었음이 판명된 경우 또는 조합임원이 자격요건을 갖추지 못한 경우에는 당연 퇴임한다. 다만, 퇴임된 임원이 퇴임 전에 관여한 행위는 그 효력을 잃지 아니한다.

답 ②

11 도시 및 주거환경정비법령상 조합의 정관을 변경하기 위하여 조합원 3분의 2 이상의 동의가 필요한 사항이 <u>아닌</u> 것은?　　　　　　　　　　　　　　　　　　 ▼ 제26회

① 대의원의 수 및 선임절차

② 조합원의 자격에 관한 사항

③ 정비사업 예정구역의 위치 및 면적

④ 조합의 비용부담 및 조합의 회계

⑤ 시공자·설계자의 선정 및 계약서에 포함될 내용

해설 조합의 정관을 변경[대의원의 수 및 선임절차 − 조합의 정관]

㉮ <u>조합원의 자격</u>, 제명·탈퇴 및 교체

㉯ 정비구역의 <u>위치 및 면적</u>

㉰ 조합의 비용부담 및 조합의 <u>회계</u>

㉱ 정비사업비의 <u>부담 시기</u> 및 절차

㉲ 시공자·설계자의 선정 및 계약서에 <u>포함될 내용</u>

📖 ①

12 도시 및 주거환경비법령상 조합의 정관을 변경하기 위하여 총회에서 조합원 3분의 2 이상의 찬성을 요하는 사항이 <u>아닌</u> 것은?　　　　　　　　　　　　　 ▼ 제34회

① 정비구역의 위치 및 면적

② 조합의 비용부담 및 조합의 회계

③ 정비사업비의 부담 시기 및 절차

④ 청산금의 징수·지급의 방법 및 절차

⑤ 시공자·설계자의 선정 및 계약서에 포함될 내용

해설 청산금의 징수·지급의 방법 및 절차는 총회에서 조합원 3분의 2 이상의 찬성을 요하는 사항이 아니다.

📖 ④

13 도시 및 주거환경정비법령상 조합총회의 소집에 관한 규정내용이다. (　)에 들어갈 숫자를 바르게 나열한 것은?　▼제30회

> • 정관의 기재사항 중 조합임원의 권리·의무·보수·선임방법·변경 및 해임에 관한 사항을 변경하기 위한 총회의 경우는 조합원 (　ㄱ　)분의 1 이상의 요구로 조합장이 소집한다.
> • 총회를 소집하려는 자는 총회가 개최되기 (　ㄴ　)일 전까지 회의 목적·안건·일시 및 장소를 정하여 조합원에게 통지하여야 한다.

① ㄱ: 3, ㄴ: 7　　　　　　② ㄱ: 5, ㄴ: 7
③ ㄱ: 5, ㄴ: 10　　　　　④ ㄱ: 10, ㄴ: 7
⑤ ㄱ: 10, ㄴ: 10

해설
• 정관의 기재사항 중 조합임원의 권리·의무·보수·선임방법·변경 및 해임에 관한 사항을 변경하기 위한 총회의 경우는 조합원 (10)분의 1 이상의 요구로 조합장이 소집한다.
• 총회를 소집하려는 자는 총회가 개최되기 (7)일 전까지 회의 목적·안건·일시 및 장소를 정하여 조합원에게 통지하여야 한다.

답 ④

14 도시 및 주거환경정비법령상 조합의 임원에 관한 설명으로 틀린 것은?　▼제33회

① 토지등소유자의 수가 100인을 초과하는 경우 조합에 두는 이사의 수는 5명 이상으로 한다.
② 조합임원의 임기는 3년 이하의 범위에서 정관으로 정하되, 연임할 수 있다.
③ 조합장이 아닌 조합임원은 대의원이 될 수 있다.
④ 조합임원은 같은 목적의 정비사업을 하는 다른 조합의 임원 또는 직원을 겸할 수 없다.
⑤ 시장·군수 등이 전문조합관리인을 선정한 경우 전문조합관리인이 업무를 대행할 임원은 당연 퇴임한다.

해설 조합장만 대의원(그외 조합임원은 대의원이 될 수 없다.)

답 ③

15 도시 및 주거환경정비법령상 주민대표회의 등에 관한 설명으로 틀린 것은?   ▼ 제31회

① 토지등소유자가 시장·군수 등 또는 토지주택공사 등의 사업시행을 원하는 경우에는 정비구역 지정·고시 후 주민대표회의를 구성하여야 한다.
② 주민대표회의는 위원장을 포함하여 5명 이상 25명 이하로 구성한다.
③ 주민대표회의는 토지등소유자의 과반수의 동의를 받아 구성한다.
④ 주민대표회의에는 위원장과 부위원장 각 1명과 1명 이상 3명 이하의 감사를 둔다.
⑤ 상가세입자는 사업시행자가 건축물의 철거의 사항에 관하여 시행규정을 정하는 때에 의견을 제시할 수 없다.

해설 상가세입자는 사업시행자가 건축물의 철거의 사항에 관하여 시행규정을 정하는 때에 의견을 제시할 수 있다.

답 ⑤

01 도시 및 주거환경정비법령상 사업시행계획 등에 관한 설명으로 틀린 것은? ⌄ 제25회 수정

① 시장·군수는 재건축사업의 시행자가 지정개발자인 경우 시행자로 하여금 정비사업
비의 100분의 30의 금액을 예치하게 할 수 있다.

② 사업시행계획서에는 사업시행기간 동안의 정비구역 내 가로등 설치, 폐쇄회로 텔레
비전 설치 등 범죄예방대책이 포함되어야 한다.

③ 시장·군수는 사업시행인가를 하고자 하는 경우 정비구역으로부터 200미터 이내에
교육시설이 설치되어 있는 때에는 해당 지방자치단체의 교육감 또는 교육장과 협의
하여야 한다.

④ 시장·군수는 정비구역이 아닌 구역에서 시행하는 주택재건축사업의 사업시행인가
를 하고자 하는 경우 대통령령이 정하는 사항에 대하여 해당 건축위원회의 심의를
거쳐야 한다.

⑤ 사업시행자가 사업시행인가를 받은 후 대지면적을 10퍼센트의 범위 안에서 변경하
는 경우 시장·군수에게 신고하여야 한다.

해설 시장·군수는 <u>재개발사업</u>의 시행자가 지정개발자인 경우 시행자로 하여금 정비사업비의 <u>100분의 20</u>의
금액을 예치하게 할 수 있다.

답 ①

02 도시 및 주거환경정비법령상 분양공고에 포함되어야할 사항으로 명시되지 <u>않은</u> 것은?
(단, 토지등소유자 1인이 시행하는 재개발사업은 제외하고, 조례는 고려하지 않음)

⌄ 제30회

① 분양신청자격　　　　　　　② 분양신청방법
③ 분양신청기간 및 장소　　　　④ 분양설계
⑤ 분양대상 대지 또는 건축물의 내역

해설 분양설계 - 관리처분계획의 내용
㉮ 사업시행인가의 내용
㉯ 정비사업의 종류·명칭 및 정비구역의 위치·면적
㉰ <u>분양신청기간 및 장소</u>
㉱ <u>분양대상 대지 또는 건축물의 내역</u>
㉲ <u>분양신청자격</u>
㉳ <u>분양신청방법</u>
㉴ 토지등소유자외의 권리자의 권리신고방법
㉵ 분양을 신청하지 아니한 자에 대한 조치

답 ④

03 도시 및 주거환경정비법령상 토지등소유자에 대한 분양신청의 통지 및 분양공고 양자에 공통으로 포함되어야 할 사항을 모두 고른 것은? (단, 토지등소유자 1인이 시행하는 재개발사업은 제외하고, 조례는 고려하지 않음) ⌄ 제34회

> ㄱ. 분양을 신청하지 아니한 자에 대한 조치
> ㄴ. 토지등소유자외의 권리자의 권리신고방법
> ㄷ. 분양신청서
> ㄹ. 분양대상자별 분담금의 추산액

① ㄱ
② ㄱ, ㄴ
③ ㄴ, ㄷ
④ ㄷ, ㄹ
⑤ ㄱ, ㄴ, ㄹ

해설

분양신청통지	분양공고
㉮ 분양대상자별 종전의 토지 또는 건축물의 명세 및 사업시행계획인가의 고시가 있은 날을 기준으로 한 가격 (사업시행계획인가 전에 철거된 건축물은 시장·군수 등에게 허가를 받은 날을 기준으로 한 가격)	㉮ 사업시행인가의 내용
㉯ 분양대상자별 분담금의 추산액	㉯ 정비사업의 종류·명칭 및 정비구역의 위치·면적
㉰ 분양신청기간	㉰ 분양신청기간 및 장소
㉱ 사업시행인가의 내용	㉱ 분양대상 대지 또는 건축물의 내역
㉲ 정비사업의 종류·명칭 및 정비구역의 위치·면적	㉲ 분양신청자격
㉳ 분양신청기간 및 장소	㉳ 분양신청방법
㉴ 분양대상 대지 또는 건축물의 내역	㉴ 토지등소유자외의 권리자의 권리신고방법
㉵ 분양신청자격	㉵ <u>분양을 신청하지 아니한 자에 대한 조치</u>
㉶ 분양신청방법	
㉷ <u>분양을 신청하지 아니한 자에 대한 조치</u>	
㉸ 분양신청서	

🖙 ①

04 도시 및 주거환경정비법령상 관리처분계획에 따른 처분 등에 관한 설명으로 **틀린** 것은?

제31회

① 정비사업의 시행으로 조성된 대지 및 건축물은 관리처분계획에 따라 처분 또는 관리하여야 한다.

② 사업시행자는 정비사업의 시행으로 건설된 건축물을 관리처분계획에 따라 토지등소유자에게 공급하여야 한다.

③ 환지를 공급하는 방법으로 시행하는 주거환경개선사업의 사업시행자가 정비구역에 주택을 건설하는 경우 주택의 공급 방법에 관하여 주택법에도 불구하고 시장·군수 등의 승인을 받아 따로 정할 수 있다.

④ 사업시행자는 분양신청을 받은 후 잔여분이 있는 경우에는 사업시행계획으로 정하는 목적을 위하여 그 잔여분을 조합원 또는 토지등소유자 이외의 자에게 분양할 수 있다.

⑤ 조합이 재개발임대주택의 인수를 요청하는 경우 국토교통부장관이 우선하여 인수하여야 한다.

해설 조합이 재개발임대주택의 인수를 요청하는 경우 <u>시·도지사 또는 시장·군수·구청장</u>이 우선하여 인수하여야 한다.

답 ⑤

05 도시 및 주거환경정비법령상 사업시행자가 인가받은 관리처분계획을 변경하고자 할 때 시장·군수 등에게 신고하여야 하는 경우가 <u>아닌</u> 것은? ▼ 제29회

① 사업시행자의 변동에 따른 권리·의무의 변동이 있는 경우로서 분양설계의 변경을 수반하지 아니하는 경우

② 재건축사업에서의 매도청구에 대한 판결에 따라 관리처분계획을 변경하는 경우

③ 주택분양에 관한 권리를 포기하는 토지등소유자에 대한 임대주택의 공급에 따라 관리처분계획을 변경하는 경우

④ 계산착오·오기·누락 등에 따른 조서의 단순정정인 경우로서 불이익을 받는 자가 있는 경우

⑤ 정관 및 사업시행계획인가의 변경에 따라 관리처분계획을 변경하는 경우

해설 계산착오·오기·누락 등에 따른 조서의 단순정정인 경우(<u>불이익을 받는 자가 없는 경우만 해당</u>)는 신고 사유에 해당한다.

답 ④

06 도시 및 주거환경정비법령상 관리처분계획 등에 관한 설명으로 옳은 것은? (단, 조례는 고려하지 않음) ▼ 제32회

① 지분형주택의 규모는 주거전용면적 60제곱미터 이하인 주택으로 한정한다.

② 분양신청기간의 연장은 30일의 범위에서 한 차례만 할 수 있다.

③ 같은 세대에 속하지 아니하는 3명이 1토지를 공유한 경우에는 3주택을 공급하여야 한다.

④ 조합원 10분의 1 이상이 관리처분계획인가 신청이 있은 날 부터 30일 이내에 관리처분계획의 타당성 검증을 요청한 경우 시장·군수는 이에 따라야 한다.

⑤ 시장·군수는 정비구역에서 면적이 100제곱미터의 토지를 소유한 자로서 건축물을 소유하지 아니한 자의 요청이 있는 경우에는 인수한 임대주택의 일부를 「주택법」에 따른 토지임대부 분양주택으로 전환하여 공급하여야 한다.

해설

② 분양신청기간은 통지한 날부터 30일 이상 60일 이내로 하여야 한다. 다만, 사업시행자는 관리처분계획의 수립에 지장이 없다고 판단하는 경우에는 분양신청기간을 <u>20일의 범위에서 한 차례만</u> 연장할 수 있다.

③ 같은 세대에 속하지 아니하는 3명(2명이상)이 1토지를 공유한 경우에는 1주택을 공급하여야 한다.

④ 조합원 <u>5분의 1 이상</u>이 관리처분계획인가 신청이 있은 날 부터 <u>15일 이내</u>에 관리처분계획의 타당성 검증을 요청한 경우 시장·군수는 이에 따라야 한다.

⑤ 시장·군수는 정비구역에서 면적이 <u>90제곱미터 미만</u>의 토지를 소유한 자로서 건축물을 <u>소유한 자</u>의 요청이 있는 경우에는 인수한 임대주택의 일부를 「주택법」에 따른 토지임대부 분양주택으로 전환하여 공급하여야 한다.

답 ①

07 도시 및 주거환경정비법령상 분양신청을 하지 아니한 자 등에 대한 조치에 관한 설명이다. ( )에 들어갈 내용을 바르게 나열한 것은?   ☞ 제33회

> • 분양신청을 하지 아니한 토지등소유자가 있는 경우 사업시행자는 관리처분계획이 인가·고시된 다음 날부터 (ㄱ)일 이내에 그 자와 토지, 건축물 또는 그 밖의 권리의 손실보상에 관한 협의를 하여야 한다.
> • 위 협의가 성립되지 아니하면 사업시행자는 그 기간의 만료일 다음 날부터 (ㄴ)일 이내에 수용재결을 신청하거나 매도청구소송을 제기하여야 한다.

① ㄱ : 60, ㄴ : 30   ② ㄱ : 60, ㄴ : 60
③ ㄱ : 60, ㄴ : 90   ④ ㄱ : 90, ㄴ : 60
⑤ ㄱ : 90, ㄴ : 90

해설
• 사업시행자는 관리처분계획이 인가·고시된 다음 날부터 <u>90일 이내</u>에 토지, 건축물 또는 그 밖의 권리의 손실보상에 관한 협의를 하여야 한다.
• 사업시행자는 손실보상의 협의가 성립되지 아니하면 그 기간의 만료일 다음 날부터 <u>60일 이내</u>에 수용재결을 신청하거나 매도청구소송을 제기하여야 한다.

답 ④

08 도시 및 주거환경정비법령상 공사완료에 따른 조치 등에 관한 설명으로 **틀린** 것은?
☞ 제29회

① 사업시행자인 지방공사가 정비사업 공사를 완료한 때에는 시장·군수 등의 준공인가를 받아야 한다.
② 시장·군수 등은 준공인가전 사용허가를 하는 때에는 동별·세대별 또는 구획별로 사용허가를 할 수 있다.
③ 관리처분계획을 수립하는 경우 정비구역의 지정은 이전 고시가 있은 날의 다음날에 해제된 것으로 본다.
④ 준공인가에 따른 정비구역의 해제가 있으면 조합은 해산된 것으로 본다.
⑤ 관리처분계획에 따라 소유권을 이전하는 경우 건축물을 분양받을 자는 이전고시가 있은 날의 다음 날에 그 건축물의 소유권을 취득한다.

해설 정비구역의 해제는 <u>조합의 존속에 영향을 주지 아니한다</u>.

답 ④

09 도시 및 주거환경정비법령상 공사완료에 따른 조치 등에 관한 설명으로 **틀린** 것을 모두 고른 것은?　　　　　　　　　　　　　　　　　　　　　　　　　　☟ 제31회

> ㄱ. 정비사업의 효율적인 추진을 위하여 필요한 경우에는 해당 정비사업에 관한 공사가 전부 완료되지 전이라도 완공된 부분은 준공인가를 받아 대지 또는 건축별로 분양받을 자에게 소유권을 이전할 수 있다.
> ㄴ. 준공인가에 따라 정비구역의 지정이 해제되면 조합도 해산된 것으로 본다.
> ㄷ. 정비사업에 관하여 소유권의 이전고시가 있을 날부터는 대지 및 건축물에 관한 등기가 없더라도 저당권 등의 다른 등기를 할 수 있다.

① ㄱ　　　　　　　　　　　　　② ㄴ
③ ㄱ, ㄴ　　　　　　　　　　　④ ㄱ, ㄷ
⑤ ㄴ, ㄷ

해설
ㄴ. 정비구역의 해제는 조합의 존속에 영향을 주지 아니한다.
ㄷ. 정비사업에 관하여 소유권의 이전고시가 있을 날부터는 대지 및 건축물에 관한 등기가 있을 때까지는 저당권 등의 다른 등기를 하지 못한다.

답 ⑤

10 도시 및 주거환경정비법령상 청산금에 관한 설명으로 **틀린** 것은?　　　　☟ 제26회

① 조합 총회의 의결을 거쳐 정한 경우에는 관리처분계획 인가 후부터 소유권 이전의 고시일까지 청산금을 분할징수할 수 있다.
② 종전에 소유하고 있던 토지의 가격과 분양받은 대지의 가격은 그 토지의 규모·위치·용도·이용상황·정비사업비 등을 참작하여 평가하여야 한다.
③ 청산금을 납부할 자가 이를 납부하지 아니하는 경우에 시장·군수가 아닌 사업시행자는 시장·군수에게 청산금의 징수를 위탁할 수 있다.
④ 청산금을 징수할 권리는 소유권 이전의 고시일로부터 5년간 이를 행사하지 아니하면 소멸한다.
⑤ 정비사업의 시행지역 안에 있는 건축물에 저당권을 설정한 권리자는 그 건축물의 소유자가 지급받을 청산금에 대하여 청산금을 지급하기 전에 압류절차를 거쳐 저당권을 행사할 수 있다.

해설 청산금을 지급(분할지급을 포함)받을 권리 또는 이를 징수할 권리는 이전·고시일의 다음 날부터 5년간 행사하지 아니하면 소멸한다.

답 ④

11 도시 및 주거환경정비법령상 비용의 부담 등에 관한 설명으로 틀린 것은? ▼ 제30회

① 정비사업비는 「도시 및 주거환경정비법」 또는 다른 법령에 특별한 규정이 있는 경우를 제외하고는 사업시행자가 부담한다.

② 지방자치단체는 시장·군수 등이 아닌 사업시행자가 시행하는 정비사업에 드는 비용에 대해 융자를 알선할 수는 있으나 직접적으로 보조할 수는 없다.

③ 정비구역의 국유·공유재산은 사업시행자 또는 점유자 및 사용자에게 다른 사람에 우선하여 수의계약으로 매각될 수 있다.

④ 시장·군수 등이 아닌 사업시행자는 부과금 또는 연체료를 체납하는 자가 있는 때에는 시장·군수 등에게 그 부과·징수를 위탁할 수 있다.

⑤ 사업시행자는 정비사업을 시행하는 지역에 전기·가스 등의 공급시설을 설치하기 위하여 공동구를 설치하는 경우에는 다른 법령에 따라 그 공동구에 수용될 시설을 설치할 의무가 있는 자에게 공동구의 설치에 드는 비용을 부담시킬 수 있다.

해설 국가 또는 지방자치단체는 토지임대부 분양주택을 공급받는 자에게 해당 공급비용의 전부 또는 일부를 <u>보조 또는 융자할 수 있다.</u>

함 ②

12 도시 및 주거환경정비법령상 청산금 및 비용부담 등에 관한 설명으로 옳은 것은?

▼ 제32회

① 청산금을 징수할 권리는 소유권 이전고시일부터 3년간 행사하지 아니하면 소멸한다.

② 정비구역의 국유·공유재산은 정비사업 외의 목적으로 매각되거나 양도될 수 없다.

③ 청산금을 지급받을 자가 받기를 거부하더라도 사업시행자는 그 청산금을 공탁할 수는 없다.

④ 시장·군수 등이 아닌 사업시행자는 부과금을 체납하는 자가 있는 때에는 지방세 체납처분의 예에 따라 부과·징수할 수 있다.

⑤ 국가 또는 지방자치단체는 토지임대부 분양주택을 공급받는 자에게 해당 공급비용의 전부를 융자할 수는 없다.

해설
① 청산금을 지급(분할지급을 포함)받을 권리 또는 이를 징수할 권리는 이전·고시일의 <u>다음 날부터 5년간</u> 행사하지 아니하면 소멸한다.
③ 청산금을 지급받을 자가 받기를 거부하더라도 사업시행자는 그 청산금을 공탁할 수는 있다.
④ 시장·군수 등인 사업시행자는 청산금을 납부할 자가 이를 납부하지 아니하는 경우 지방세 체납처분의 예에 따라 징수(분할징수를 포함)할 수 있으며, <u>시장·군수 등이 아닌 사업시행자는 시장·군수 등에게 청산금의 징수를 위탁</u>할 수 있다.

⑤ 국가 또는 지방자치단체는 토지임대부 분양주택을 공급받는 자에게 해당 공급비용의 <u>전부 또는 일부를 융자할 수는 있다.</u>

📖 ②

13 도시 및 주거환경정비법령상 소규모 토지 등의 소유자에 대한 토지임대부 분양주택 공급에 관한 내용이다. (   )에 들어갈 숫자로 옳은 것은? (단, 조례는 고려하지 않음)

📡 제34회

> 국토교통부장관, 시·도지사, 시장, 군수, 구청장 또는 토지주택공사등은 정비구역에 세입자와 다음의 어느 하나에 해당하는 자의 요청이 있는 경우에는 인수한 재개발임대주택의 일부를 「주택법」에 따른 토지임대부 분양주택으로 전환하여 공급하여야 한다.
> 1. 면적이 (ㄱ)제곱미터 미만의 토지를 소유한자로서 건축물을 소유하지 아니한 자
> 2. 바닥면적이 (ㄴ)제곱미터 미만의 사실상 주거를 위하여 사용하는 건축물을 소유한 자로서 토지를 소유하지 아니한 자

① ㄱ: 90, ㄴ: 40
② ㄱ: 90, ㄴ: 50
③ ㄱ: 90, ㄴ: 60
④ ㄱ: 100, ㄴ: 40
⑤ ㄱ: 100, ㄴ: 50

해설 국토교통부장관, 시·도지사, 시장, 군수, 구청장 또는 토지주택공사등은 정비구역에 세입자와 다음의 토지 또는 주택을 소유한 자의 요청이 있는 경우에는 인수한 임대주택의 일부를 「주택법」에 따른 토지임대부 분양주택으로 전환하여 공급하여야 한다(시행령 제71조).
㉮ 면적이 <u>90제곱미터 미만</u>의 토지를 소유한 자로서 건축물을 소유하지 아니한 자
㉯ 바닥면적이 <u>40제곱미터 미만</u>의 사실상 주거를 위하여 사용하는 건축물을 소유한 자로서 토지를 소유하지 아니한 자

📖 ①

※ 오타수정 및 개정내용은 **쫄지마공법** 밴드(https://band.us/band/82435070)를 참조하세요

제36회 공인중개사 시험대비 **전면개정판**

2025 박문각 공인중개사
이경철 기출문제 ②차 부동산공법

초판인쇄 | 2025. 1. 10.　**초판발행** | 2025. 1. 15.　**편저** | 이경철 편저

발행인 | 박 용　**발행처** | (주)박문각출판　**등록** | 2015년 4월 29일 제2019-000137호

주소 | 06654 서울시 서초구 효령로 283 서경빌딩 4층　**팩스** | (02)584-2927

전화 | 교재 주문 (02)6466-7202, 동영상문의 (02)6466-7201

저자와의
협의하에
인지생략

정가 24,000원

ISBN 979-11-7262-527-6